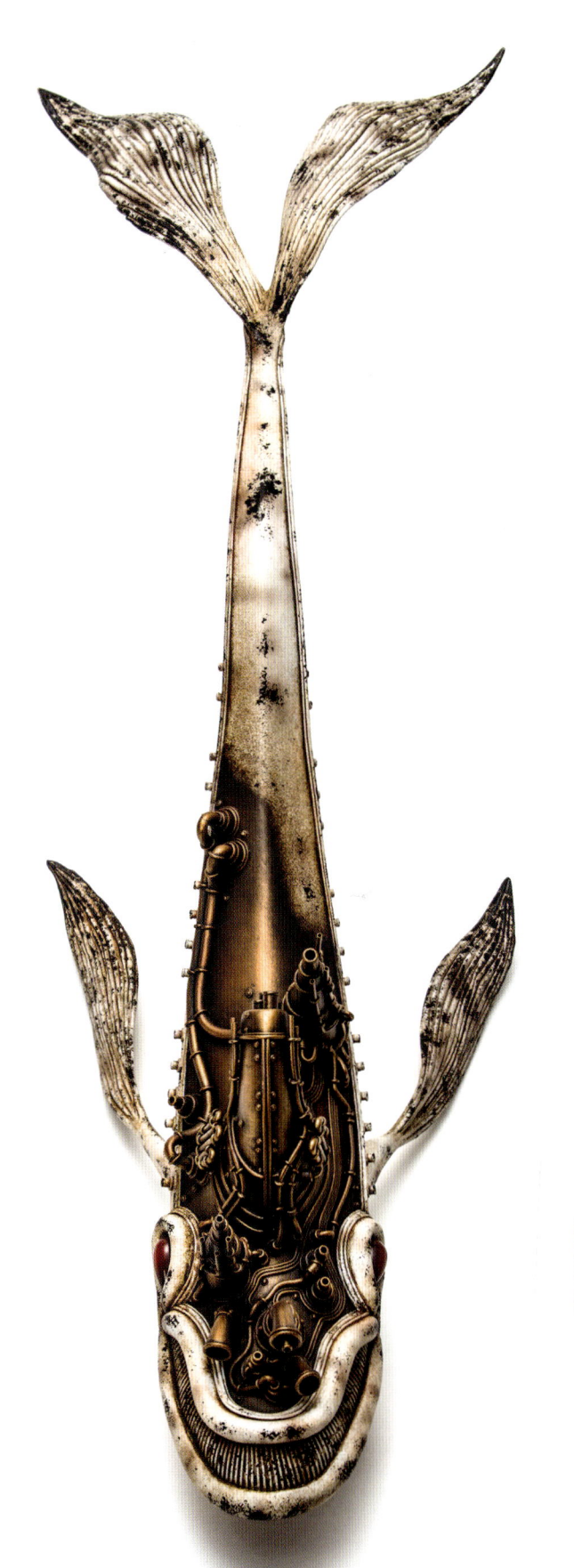

粘土でつくる空想生物

ゼロからわかるプロの造形技法

MATSUOKA MICHIHIRO

松岡ミチヒロ 著

JN231634

［Shoebill］ハシビロコウ（P134参照）

［Bat／Charge］コウモリ（P 135 参照）

［Ural Owl］フクロウ（P137参照）

［Martian］タコ型の火星人 （P138参照）

[Carassius auratus /Goldfish] 金魚 (P139, P126〜131 参照)

［Bull］雄牛 （P 140 参照）

［Kirin］麒麟 (P 141 参照)

本書で使う主な道具・材料

ここではメインに使用するものをピックアップ。そのほかの道具は制作工程にて逐次解説する。

粘土の細工用

粘土の細かい細工にはスパチュラ（へら）を使用。硬化した粘土の削り作業には彫刻刀やカッター、先が尖ったタイプのスクレーパーを使う。

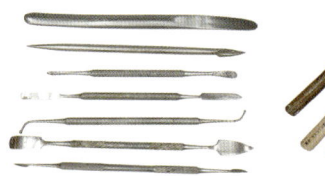
スパチュラ・スクレーパー

彫刻刀

カッター・デザインナイフ

素材のカットや工作用

ワイヤーなどのカットにはニッパー、真鍮パイプなどのカットにはパイプカッターを使用。ペンチはワイヤーを曲げるときに使う。

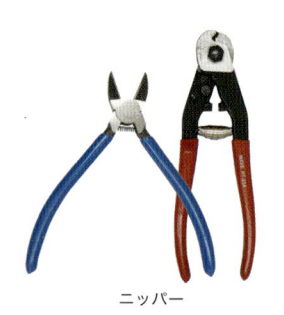
ニッパー　　　ペンチ　　　はさみ　　パイプカッター

そのほか

金属板の加工には金づち（玄能）、素材の穴開けには電動ドリルを使う。ピンバイス（手回しドリル）でもよい。

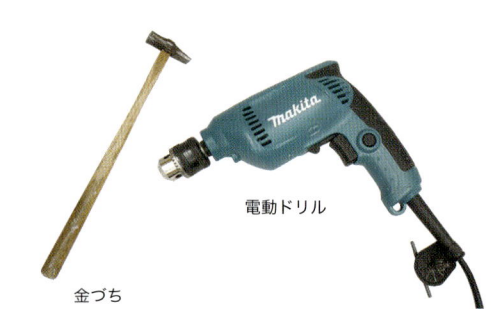
金づち　　　　　電動ドリル

造形材料

メインの造形には、きめが細かく加工が容易な石粉粘土を使用。緻密なパーツの造形には、加熱するまで固まらないメリットがある樹脂粘土。硬化を急ぐ部分やパーツには、練り混ぜると硬化するエポキシパテ類を使用する。

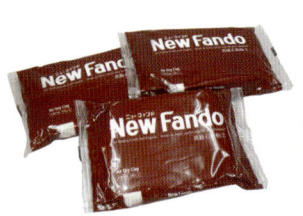

石粉粘土

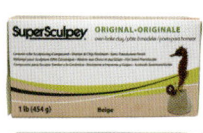

樹脂粘土

エポキシパテ類

塗装道具、塗料

塗料が乗りやすくなる下地剤サーフェイサーを吹き付け、エアブラシや筆で塗装する。先に固着力の強いラッカースプレーやラッカー塗料を塗り、乾燥させてからアクリル絵の具を重ね塗り。最後にクリアースプレーでコートする。

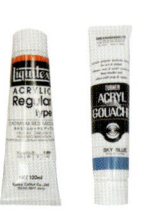

ラッカー塗料

アクリル絵の具

筆各種

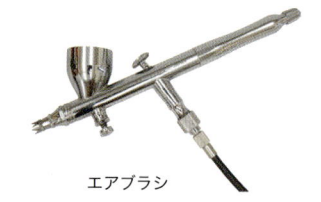
エアブラシ

サーフェイサー

ラッカースプレー

クリアースプレー

目次

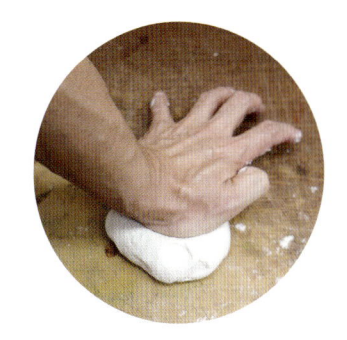

1 章

粘土による大型作品の制作
—— 生物的フォルムとメカニカルな造形 ……13

クジラ型の空想生物をつくる

2 章

粘土による小型作品の制作
—— 躍動感のある作品づくりのエッセンス …65

ウサギ型の空想生物をつくる

3 章

型取り・複製による作品の制作
—— コレクティブルな作品の展開 …………85

ウサギがモチーフの作品づくりと型取り・複製

複製で基本のウサギをつくる

潜水服姿のウサギをつくる

レーシングスーツのウサギをつくる

レジン複製の金魚を組み立てる

4 章

作品紹介 …………………………… 133

本書のねらい

本書では、主に粘土を使った造形制作の技法を紹介していきます。粘土は盛り付けて形をつくるだけでなく、乾燥した後で削って整えることもできる、初心者でも扱いやすい造形素材です。
1章・2章では、それぞれ一点ものの作品の制作手順を紹介。3章では、型を取って複製する作品について解説します。4章では、造形作家・松岡ミチヒロの代表作を掲載。制作前のイメージスケッチや、造形のヒントを加えました。これから粘土造形を始める方、ステップアップしたい方の一助となれば幸いです。

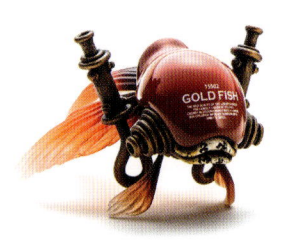

おおまかな制作の流れ

イメージスケッチ

どんな作品をつくるかイメージを膨らませ、紙にスケッチする。動物をモチーフにつくる場合は図鑑などの資料を見て、作品に取り入れたい特徴をメモしておく。

芯材の作成

軽く扱いやすい芯材でおおまかな形をつくり、それを粘土でくるんで造形していく。本書では、石粉粘土の芯材に「カネライトフォーム」「スタイロフォーム」などの商品名で知られる断熱材を使用。加熱が必要な樹脂粘土の芯材にはアルミホイルを使う。

粘土での造形

石粉粘土を盛り付けて形をつくり、数日乾燥させて布ヤスリなどで表面を整える。オーブントースターで加熱すると約15分で硬化する樹脂粘土、10分〜12時間で硬化するエポキシパテなどを併用すると作業時間を短縮できる。

ディテールを加える

粘土で造形しにくいメカニカルな部分の表現には、金属素材が適している。短冊状に切った鉛板、細長い糸はんだなどを利用して装飾を加えていく。丸めたエポキシパテでリベット風のディテールをつくる手法も多用する。

塗装

下地塗料のサーフェイサーを吹き付け、塗料の食い付きをよくしてから彩色していく。本書は固着力の強いラッカー塗料を吹き付けた後、アクリル絵の具を重ね塗りしていく手法がメイン。

仕上げ

あえて汚れた質感を表現するウェザリング、塗装を剥がして朽ちた感じを表現するチッピングなどを行い、最後にクリアー塗料を吹き付けて全体をコートして完成となる。

 作業上の注意

本書で使う造形素材や塗料は、扱いに注意が必要なものがある。各製品の取り扱い説明書をよく読み、特に右記の部分に気を付けること。

粘土やパテ、鉛板の削りかすを吸い込まない
粘土やパテ類、鉛板の削りかす（粉塵）を吸い込んだり口に入れたりしないように気を付けること。

パテや溶剤は触らず、手袋を付けて作業する
硬化前のパテ類、溶剤（シンナー）を混ぜた樹脂粘土などは素手で触らず、手袋を着けて作業すること。鉛板や糸はんだを扱うときは手袋を着けるか、作業後によく手を洗って鉛の成分が口に入らないように十分気を付けること。

作業中は換気をよくし、火を近づけない
溶剤や塗料を扱っているとき、樹脂粘土をオーブントースターで加熱するときは換気をよくすること。また、溶剤や塗料は可燃性のため、火気に近づけないよう注意すること。

1 章

粘土による大型作品の制作——生物的フォルムとメカニカルな造形

クジラ型の空想生物をつくる

芯材を石粉粘土でくるみ、細部をつくり込むオーソドックスな手法で制作していきます。石粉粘土を手で練っておおまかな形をつくり、乾燥させてカッターや布ヤスリで形を整えます。機械的な部分のディテールは、ワイヤー状の糸はんだ、ビニールチューブなどを組み合わせてつくります。

▶イメージスケッチ
汚染された大気を浄化していく、心優しいクジラ。腹部は極力シンプルにし流線的なフォルムを見せ、逆に機械部分はやや込み入ったディテールを加える。

本体ボディの制作

1 芯材の切り出し

● 芯材に型を写してカッターで切る

1 実寸のスケッチを作成。スケッチの上に紙を置き、ボディの形を透かして写し取る。

2 芯材に粘土をかぶせて造形していくので、スケッチよりもひとまわり（内側に3mmほど）小さく型紙を切り抜く。

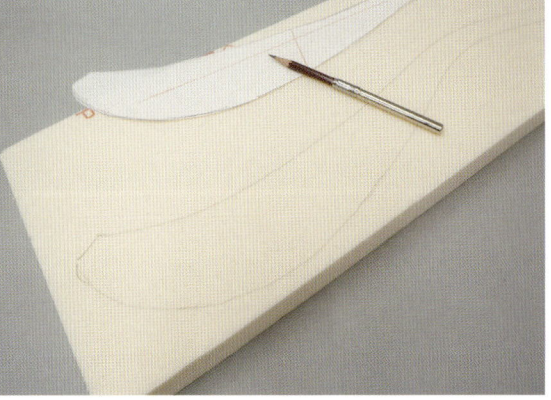

3 芯材のボードに型紙を置き、鉛筆で外周をなぞって形を写す。芯材は「押出法ポリスチレンフォーム」と呼ばれる、一般的な発泡スチロールに比べてきめが細かく比較的粘土が食い付きやすい素材を使う。本書では、カネカ「カネライトフォーム」を使用。「スタイロフォーム」でもよい。

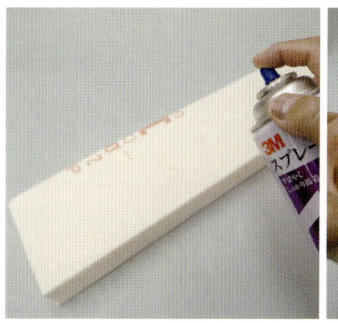  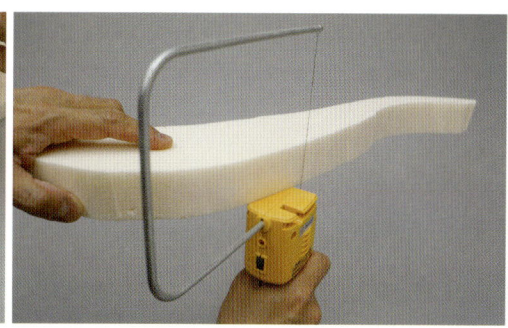

4 スプレーのりを吹き付けて2枚のカネライトフォームを仮留めし、手順**3**で写した形に沿ってスチロールカッターでカット。

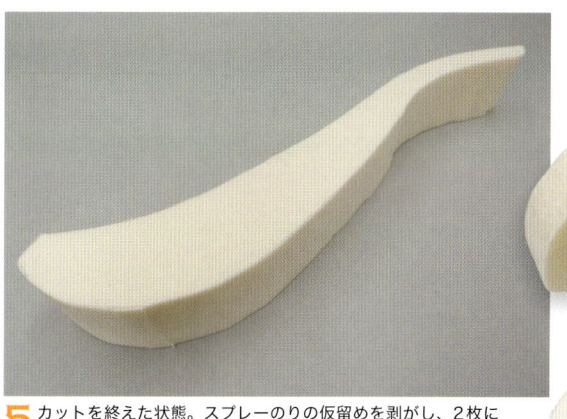 

5 カットを終えた状態。スプレーのりの仮留めを剥がし、2枚に分割しておく。

● 支柱を埋め込む

1 直径7mm、6mm、5mmの真鍮パイプを用意する。

2 型紙をめやすに支柱の位置や長さを決め、パイプカッターでカット。カット後にはバリ（不要部分）が出るので、棒ヤスリで取り除く。

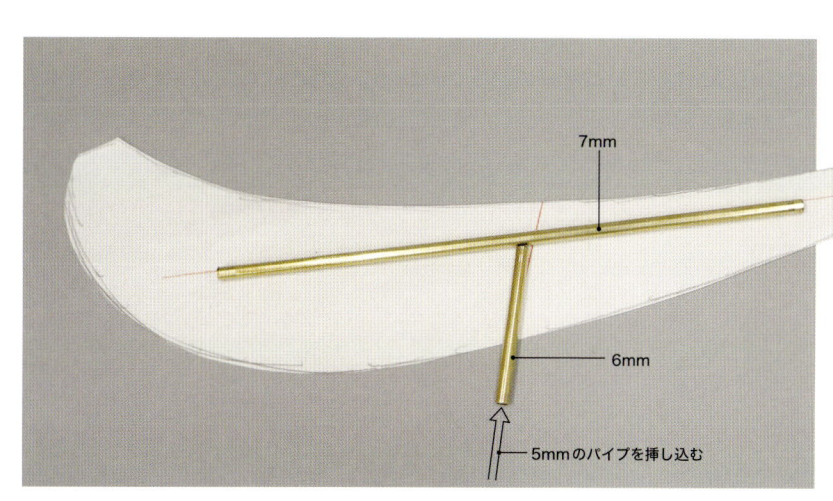

7mm

6mm

5mmのパイプを挿し込む

3 支柱の位置は、完成時の見栄えを考慮して決める。今回はクジラの腹部の柔らかいラインを見せたいので、腹部を避けて少し後ろに設定。

4 真鍮パイプを接続する。強度を増すため、ここではトーチ（バーナー）を使ったロウ付けでつなぐ。

5 パイプをスケッチと型紙の上に置いてイメージ通りか確認。

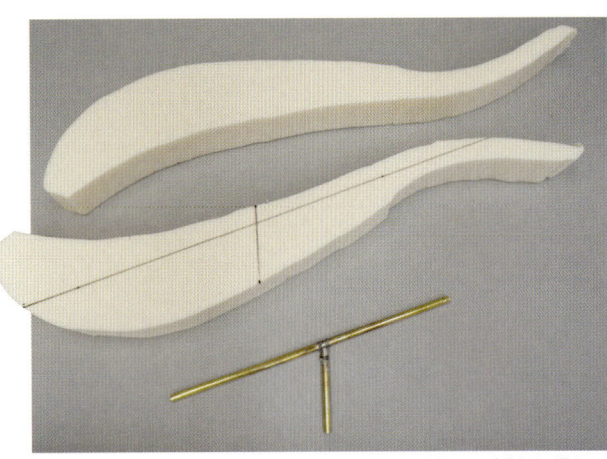
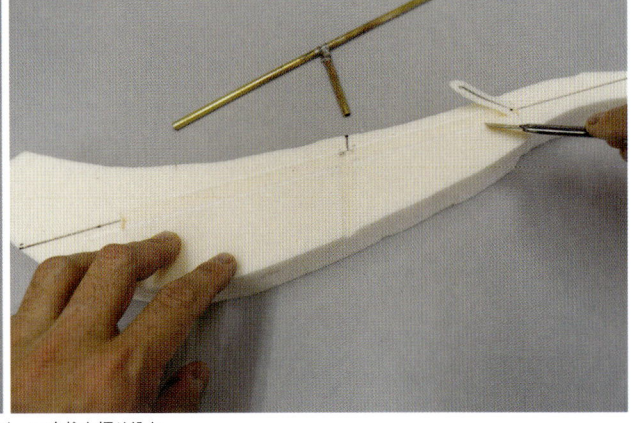

6 一方の芯材に鉛筆で線を引き、カッターナイフで削り、V字断面の溝をつくって支柱を埋め込む。

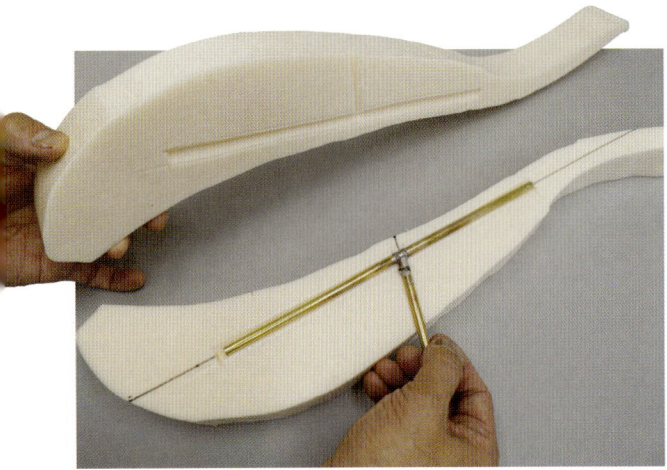
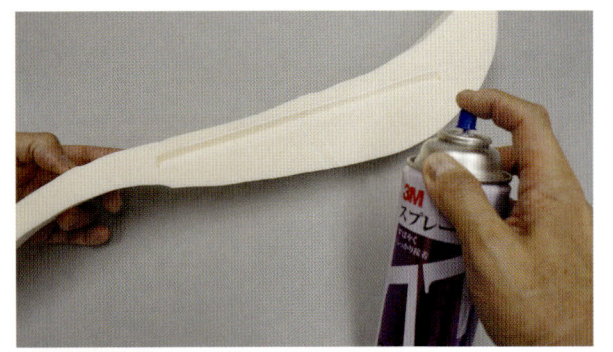
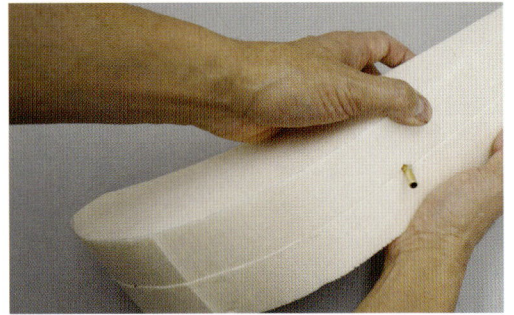

7 もう一方の芯材にも溝をつくる。2枚の芯材を合わせたときにずれが生じないよう注意。

8 スプレーのりを吹き、支柱を埋め込んだ状態で貼り合わせる。

2 芯材の整形

● 余剰部分をカットする

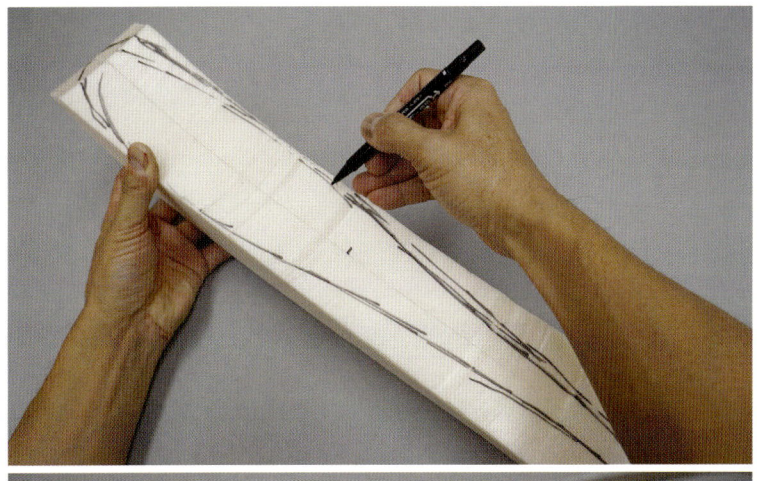

1 貼り合わせた芯材を上から見て、油性ペンでクジラ上面の形状を描く。

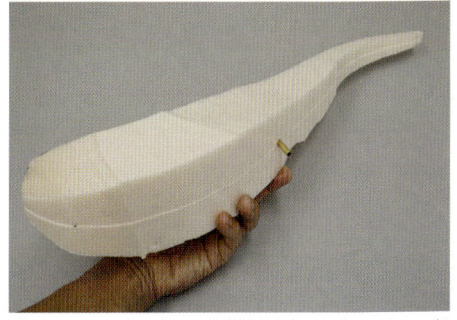

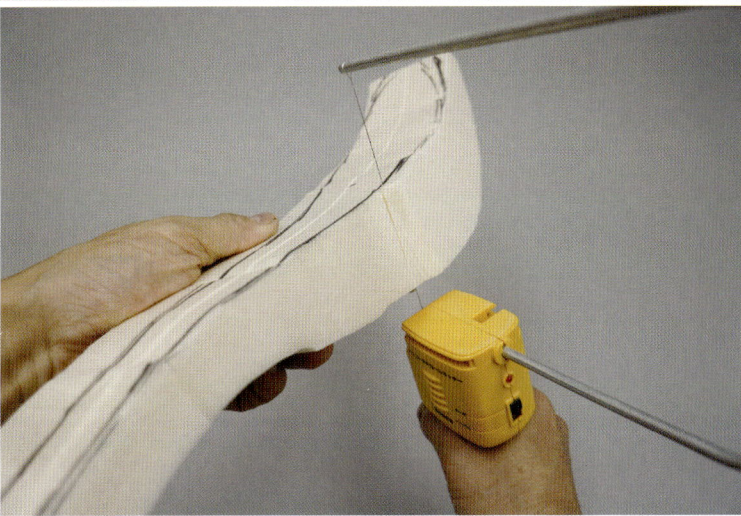

2 スチロールカッターで余剰部分をカットする。あとで細かく形を整えるので、油性ペンの線が少し残るくらいに。

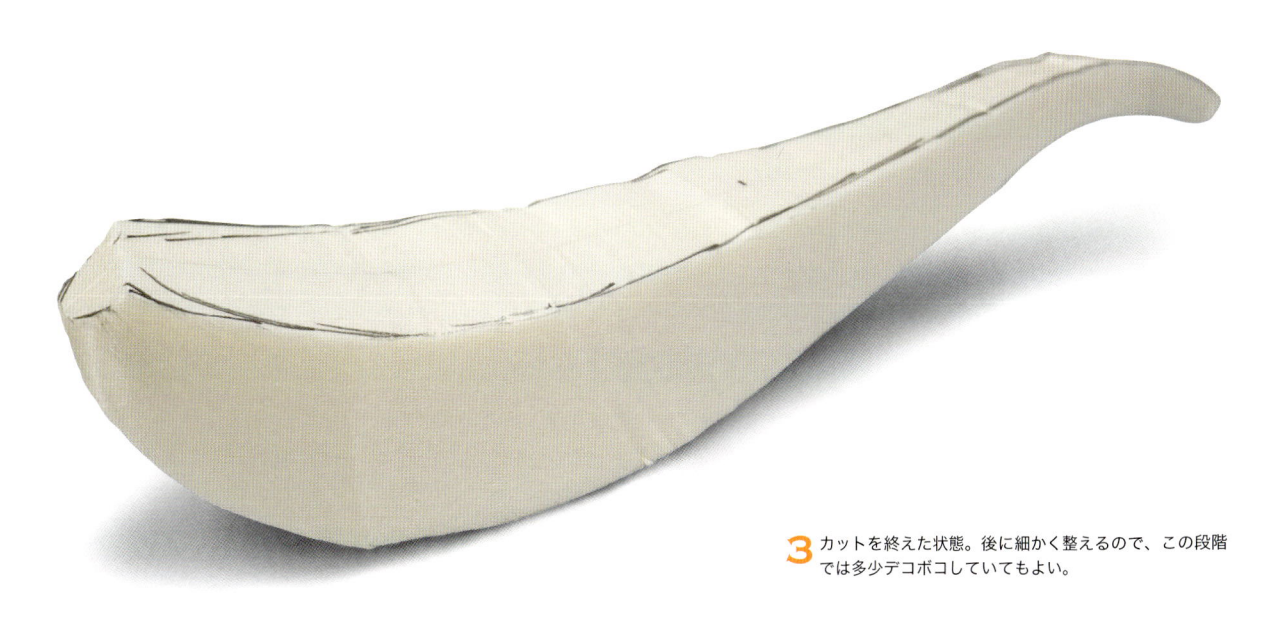

3 カットを終えた状態。後に細かく整えるので、この段階では多少デコボコしていてもよい。

● 曲線的なフォルムをつくる

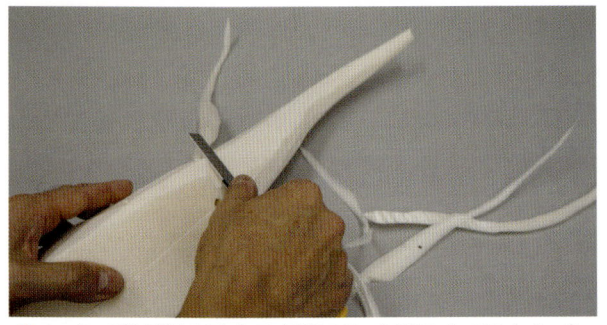

1 カッターで薄く削るようにして、クジラのフォルムをつくっていく。カッターの刃が古いとがたつきが出やすいので、刃は必ず新しいものを使うこと。

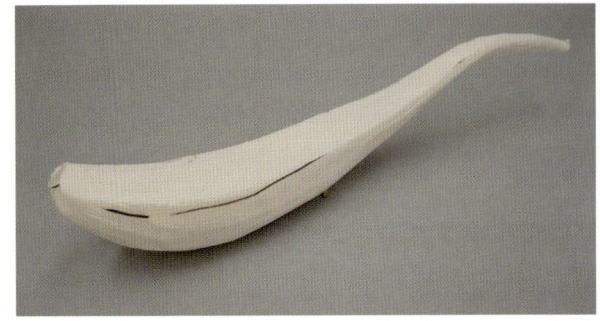

2 削り終えた状態。特に後部は細いので、作業中に折れてしまわないよう注意。折れてしまったら、真鍮線など芯材を入れてフォローする。

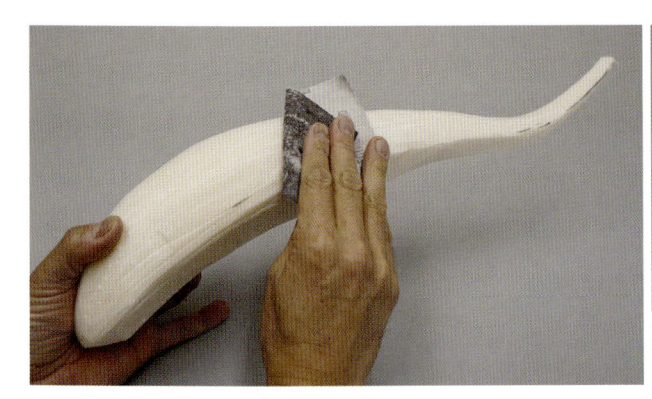

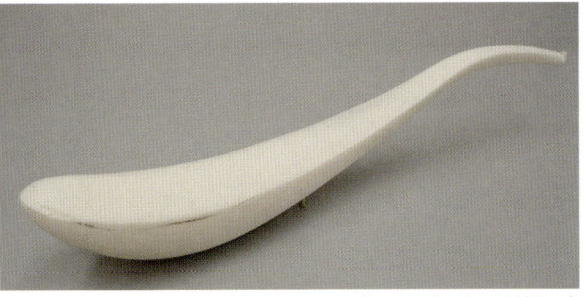

3 120番の布ヤスリを使い、表面を滑らかに整えていく。ヤスリがけで出る粉塵を吸い込むと体によくないので、マスクを着けるか、ビニール袋の中で作業する。

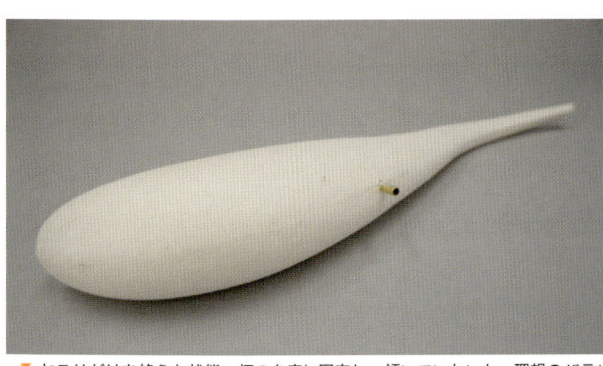

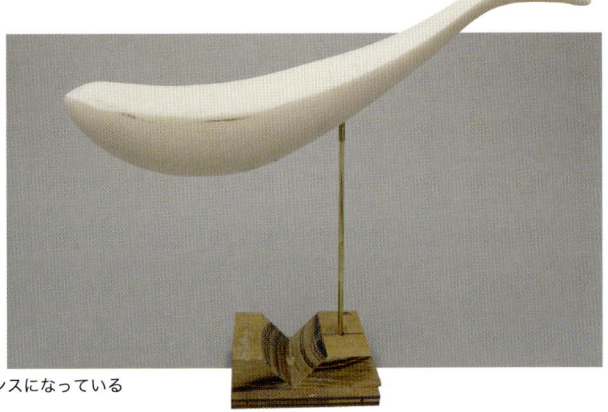

4 ヤスリがけを終えた状態。仮の台座に固定し、傾いていないか、理想のバランスになっているか全体を見て確認する。

③ 粘土での被覆（ひふく）

● 粘土で芯材を包む

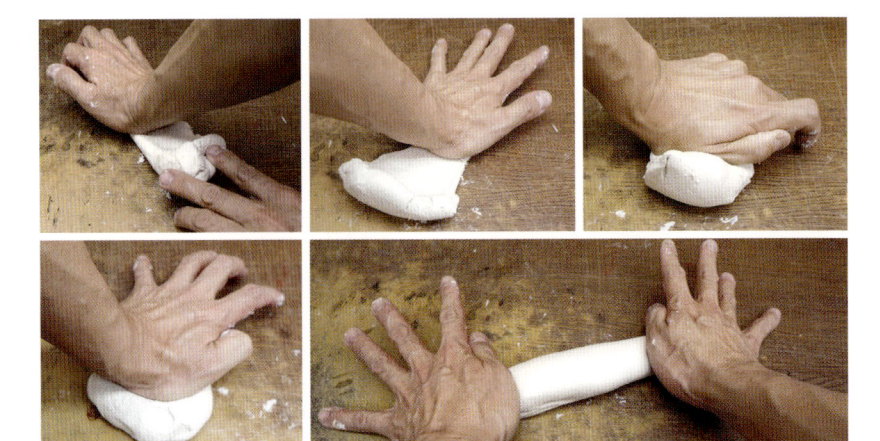

1 ここでは石粉粘土の「ニューファンド」を使用。紙粘土と異なり強度があってきめが細かく、乾燥後にナイフやヤスリで整形できるのが特徴。

2 袋から出したばかりの粘土は固いので、練って扱いやすい柔らかさにする。固すぎるようであれば少し水を加えて練り込む。

3 伸ばし棒で薄くする。伸ばし棒は筒状で重みのあるものであればなんでもよい。両脇に定規を置いて伸ばすと、粘土が均一な厚みになる。

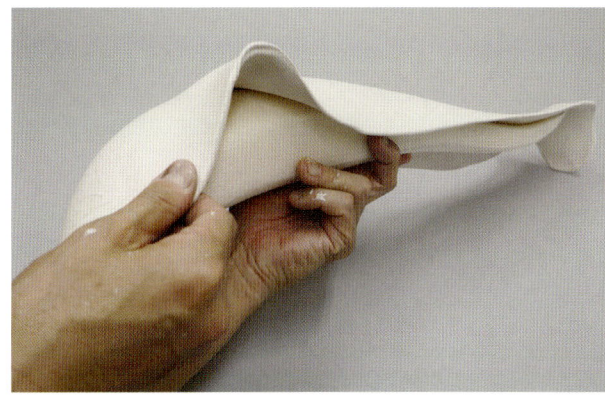 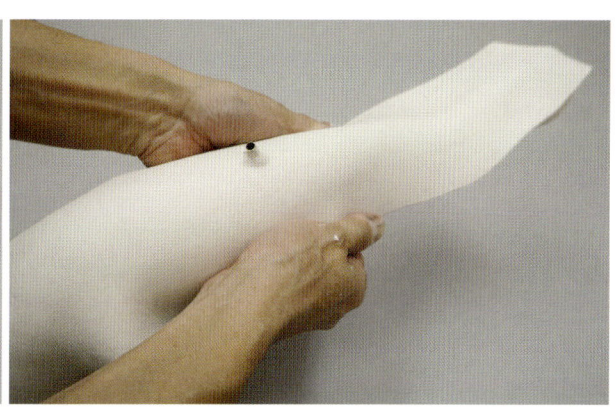

4 薄く伸ばした粘土で芯材を包む。先にクジラの腹部をカバーする。

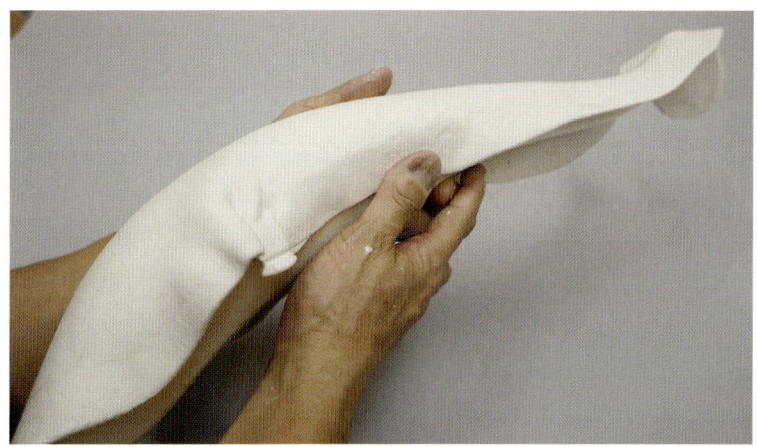 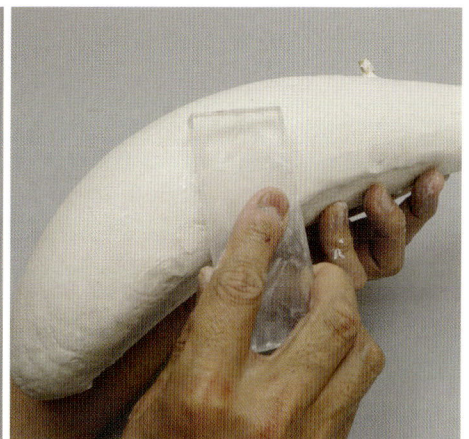

5 粘土の端を指で伸ばして整えていく。腹部は表面をなめらかにするためアクリル板で伸ばして整える。全体のフォルムを見ながら粘土を伸ばすのがポイント。

6 芯材に粘土がしっかり食いつくように、さらに伸ばしていく。

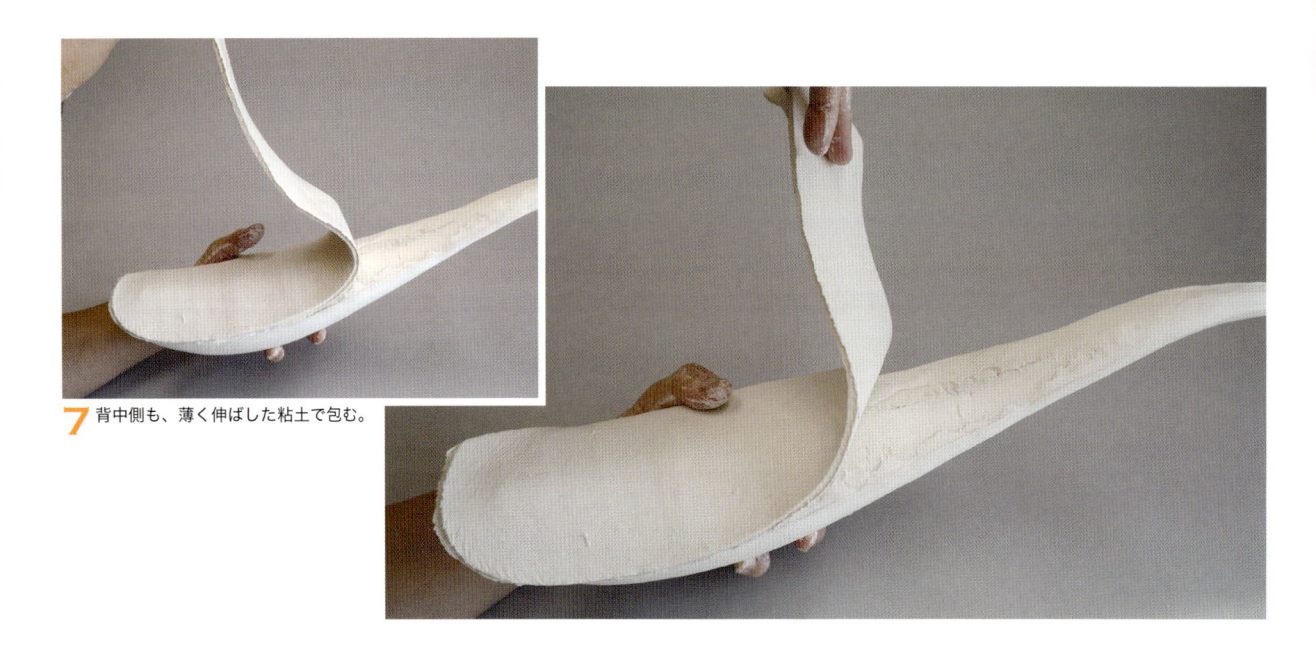

7 背中側も、薄く伸ばした粘土で包む。

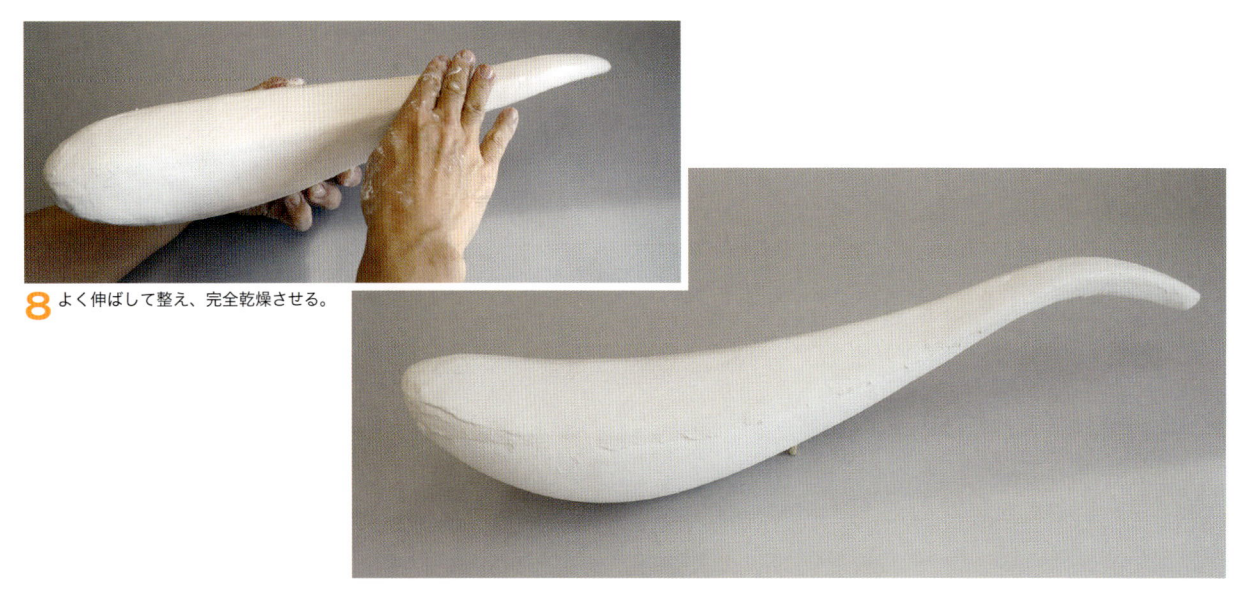

8 よく伸ばして整え、完全乾燥させる。

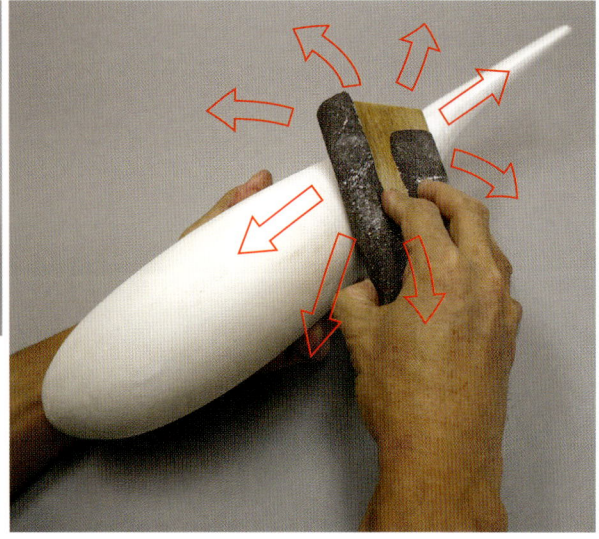

9 木片などに120番の布ヤスリを巻き付け、表面をなめらかにする。

布ヤスリについて
本書では、乾燥した石粉粘土の研磨に布ヤスリ（研磨布、シートペーパーとも）をメインに使用する。紙ヤスリに比べて丈夫で、曲面の研磨がしやすい長所がある。プラモデルなどの一般的な模型では400番〜1000番の細目を多用するが、本書では80番〜120番の粗目を多用する。

ベースとなるボディの完成

一部分だけを見てヤスリがけをすると、どうしてもデコボコができたり形がゆがんだりしやすい。左右の形は均等か、ゆがみがないかどうか、多方向から全体を見て確認すること。

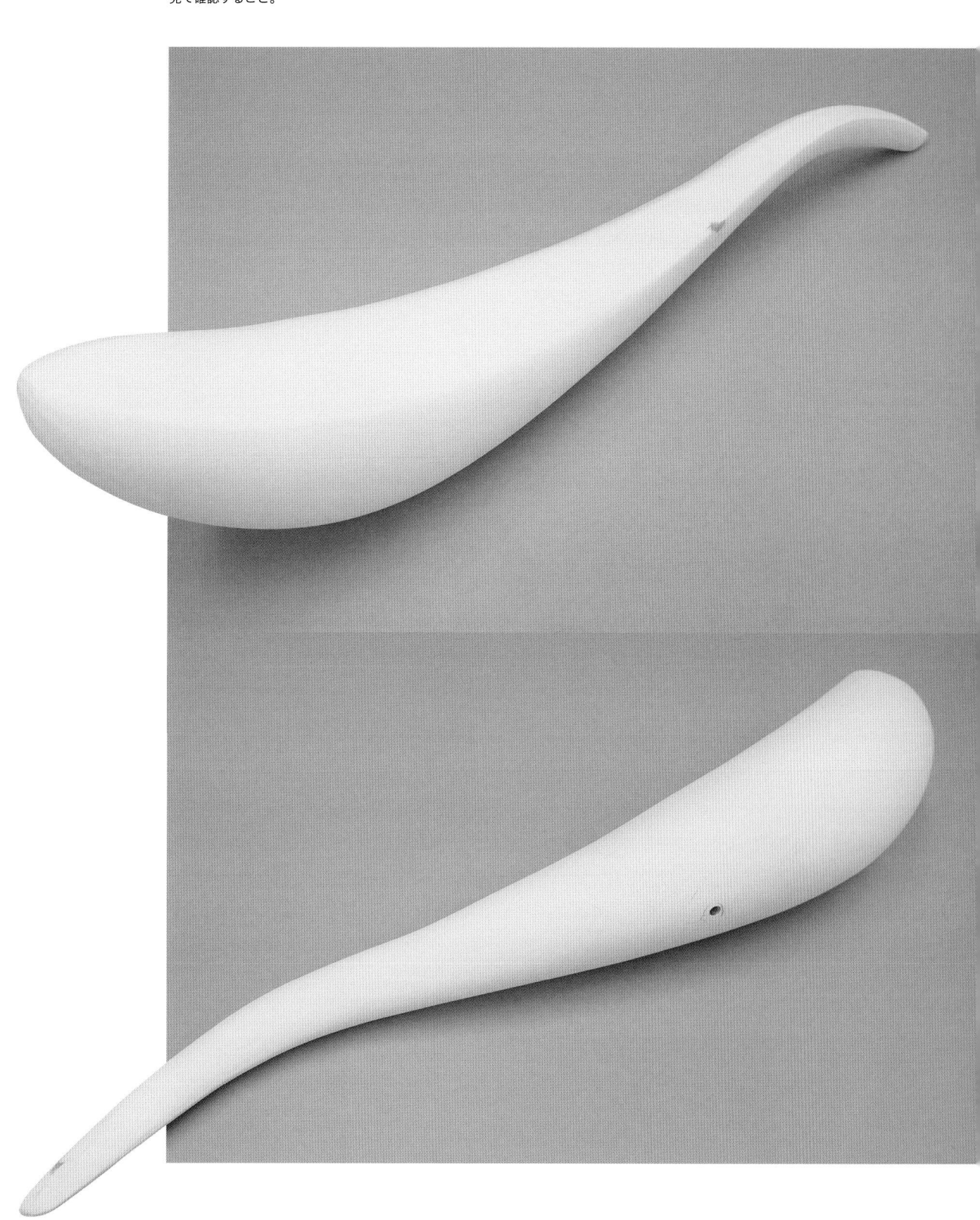

本体細部〜台座の制作

1 尾ひれ・胸びれの造形

● 型紙をつくる

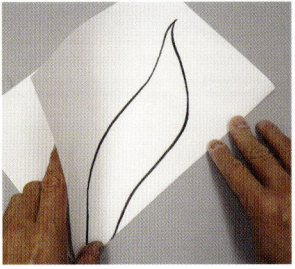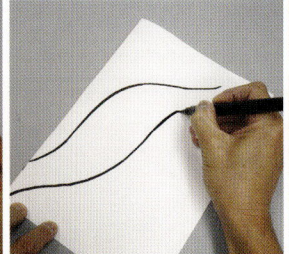

1 薄い紙に濃いめのペンでひれの片側を描き、半分に折り、透かすようにしてもう片側を描く。こうすると左右対称な尾ひれの型紙ができる。

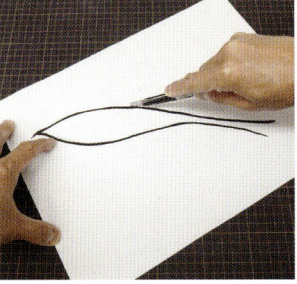

2 胸びれも薄い紙に形を描いて切り抜き、型紙をつくる。

● 粘土を型紙に合わせて切る

1 細長く伸ばした粘土の真ん中に切れ込みを入れて曲げ、尾ひれの型紙を置く。

2 型紙に合わせて切り出し、カネライトフォームに置く。カネライトフォームの上で作業すると、剥がしたり裏返したりする作業が容易になる。

● **片側に模様を付ける**

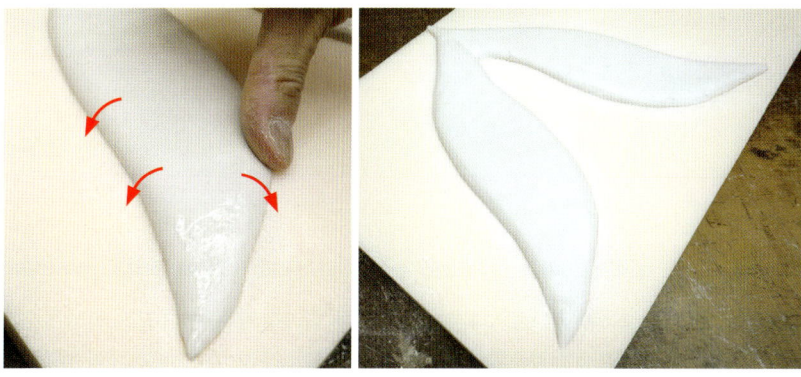

1 カッターで切った切り口を指で押してなめらかにする。

2 手に水を付け、表面をなでるようにして整える。その上に三角刀でひれの模様を付けていく。三角刀で削るのではなく、Vの字の部分を押し付けるようにしてディテールをつくる。

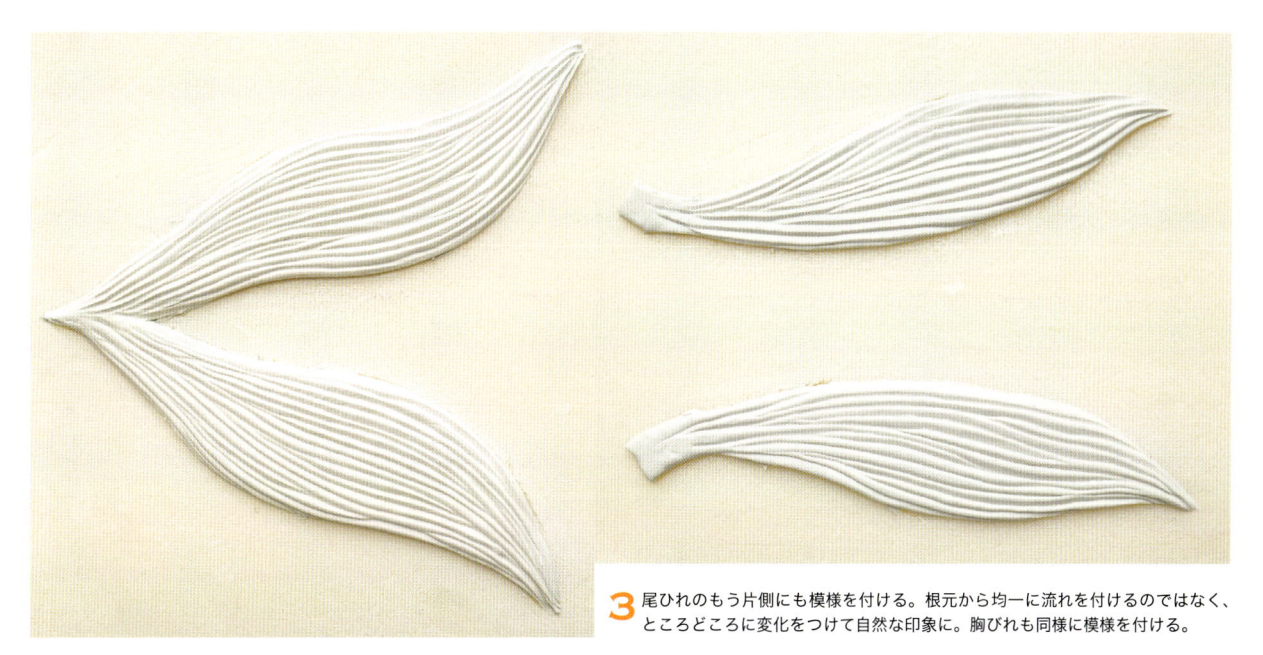

3 尾ひれのもう片側にも模様を付ける。根元から均一に流れを付けるのではなく、ところどころに変化をつけて自然な印象に。胸びれも同様に模様を付ける。

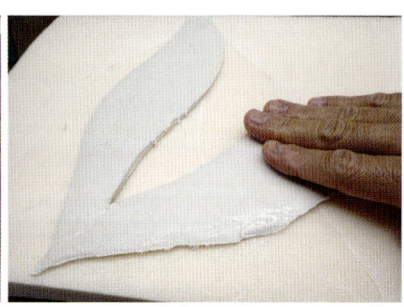

1 触ってもべたつかないくらいに乾燥したら、カネライトフォームから剥がしてひっくり返す。水を付けた手で尾ひれを表面を均一に濡らす。

2 ひっくり返した側にも三角刀で模様を付ける。

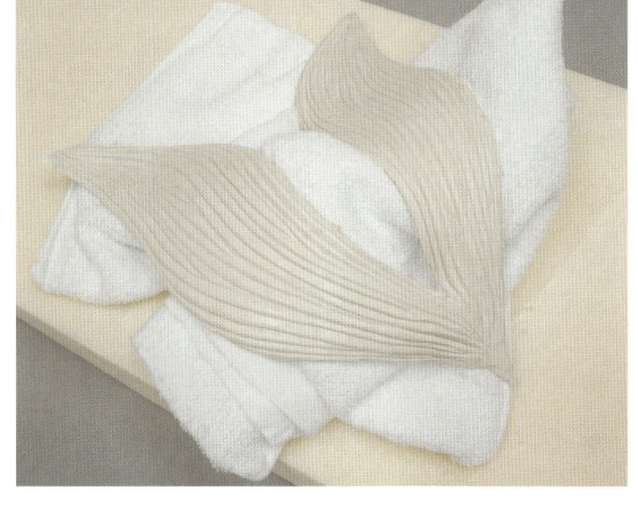

3 タオルなどでこんもりと山をつくり、その上に尾ひれを乗せ完全乾燥させる。最初に乾燥させたほうをタオルに伏せるのがポイント。タオルのような不定形のものに乗せることで、ひれに自然な動きが付く。

● 粘土を裏側に貼り足して模様を付ける（胸びれ）

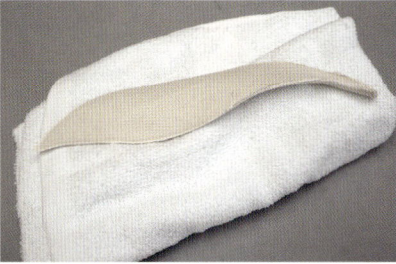
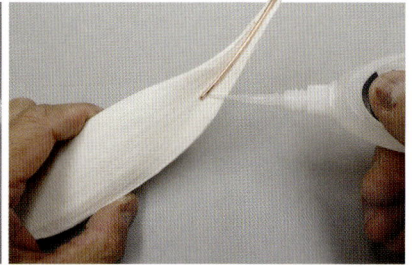

1 胸びれは細く折れやすいパーツなので、尾ひれと異なり2枚の薄い粘土で銅線をはさむ構造にする。片面にのみ模様を付け、タオルの上に置いて乾燥させる。瞬間接着剤で銅線を貼り付ける。

2 胸びれの裏と表。この後、模様を付けていない側に薄い粘土を貼り付けていく。

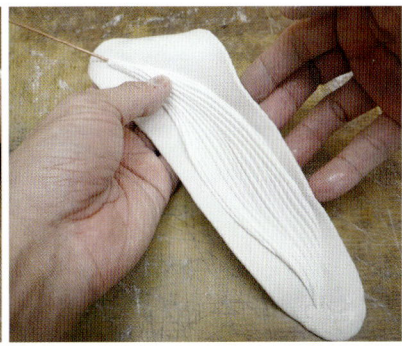

3 薄く伸ばした粘土を、銅線を付けた側にかぶせるように貼り付ける。

4 余分な粘土を手で切り取る。はさみで切るのではなく、手で押し付けるように切ることで、余計な厚みをなくして薄く繊細なひれを形づくることができる。

5 手に水を付け、貼り合わせた部分をよくなじませる。

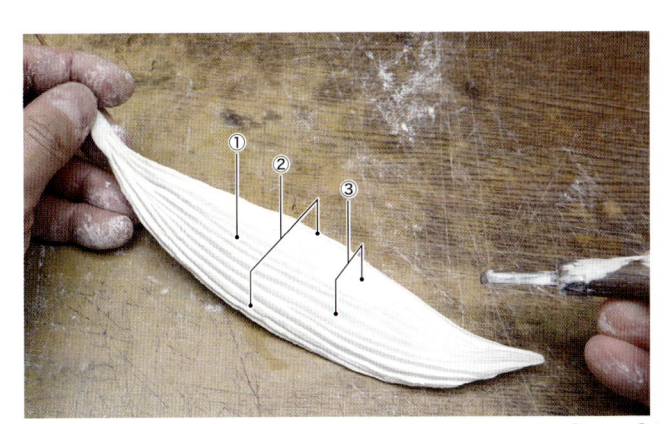

6 貼り付けた粘土が乾く前に三角刀でディテールを加える。①真ん中→②外側→③真ん中と外側の間……という具合に、全体のバランスを見ながらディテールを加えていく。

② 口元・目の造形

● ヒゲのディテールをつくる

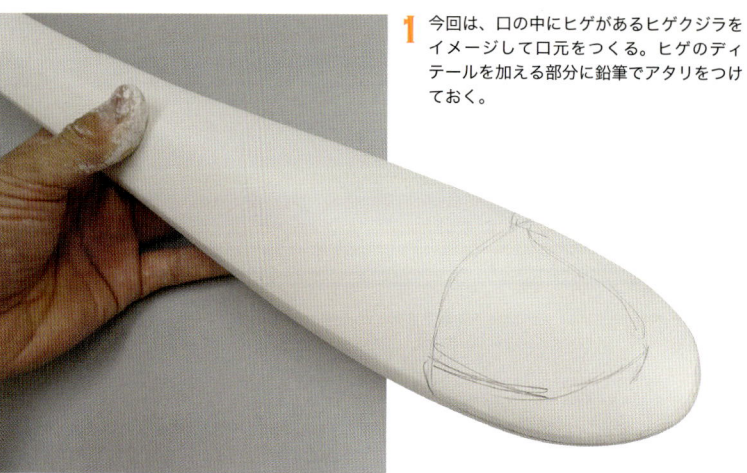

1 今回は、口の中にヒゲがあるヒゲクジラをイメージして口元をつくる。ヒゲのディテールを加える部分に鉛筆でアタリをつけておく。

2 粘土を薄く伸ばし、市販のコーム（くし）をゆっくり引いてヒゲのディテールを付ける。コームは両端を切り落としておくと、均等なディテールが付けやすくなる。大きめにつくっておき、一番きれいにディテールが付けられた部分を切り出す。

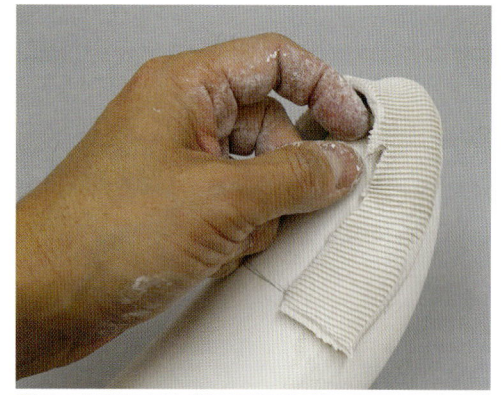

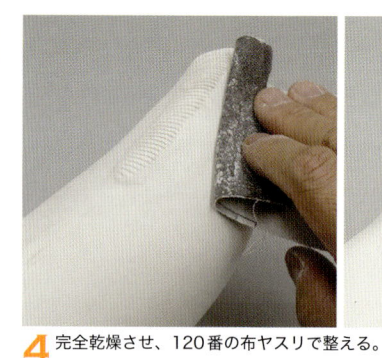

4 完全乾燥させ、120番の布ヤスリで整える。

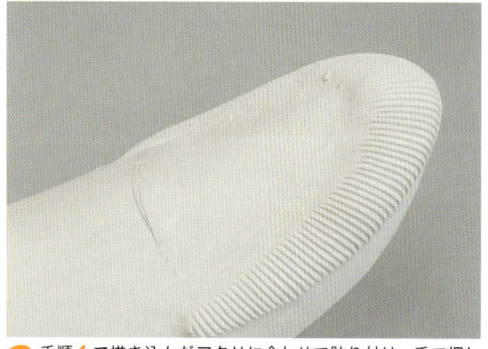

3 手順**1**で描き込んだアタリに合わせて貼り付け、手で押し付けてなじませる。

● 目の制作・位置決め

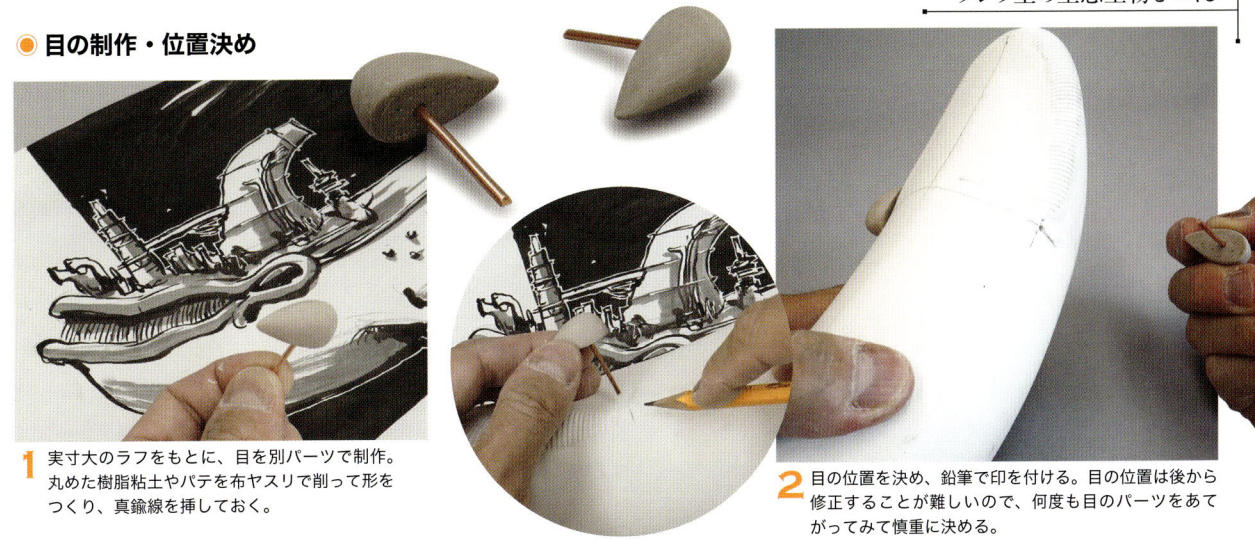

1 実寸大のラフをもとに、目を別パーツで制作。丸めた樹脂粘土やパテを布ヤスリで削って形をつくり、真鍮線を挿しておく。

2 目の位置を決め、鉛筆で印を付ける。目の位置は後から修正することが難しいので、何度も目のパーツをあてがってみて慎重に決める。

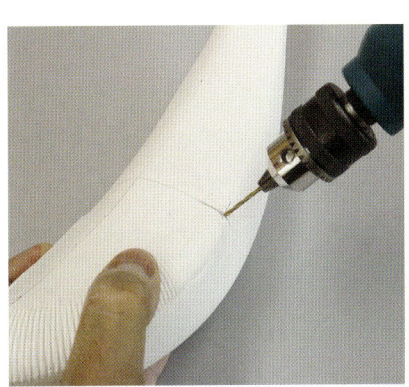 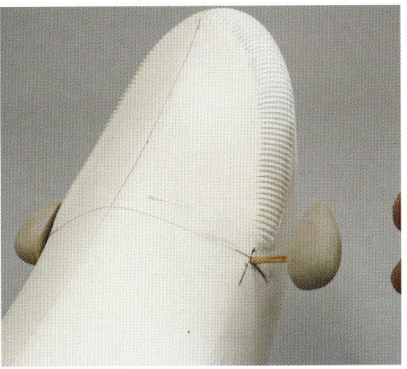 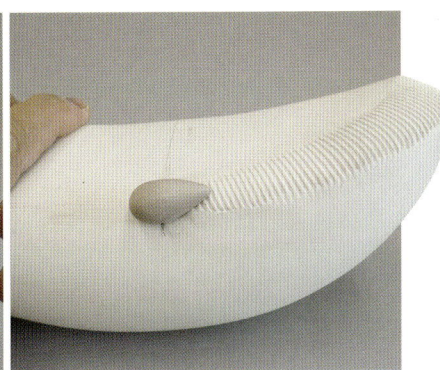

3 印を付けた部分にドリルで穴を開け、目を仮留めする。目の位置や向きがイメージ通りになっているか、この段階で十分に確認。

● 唇をつくる

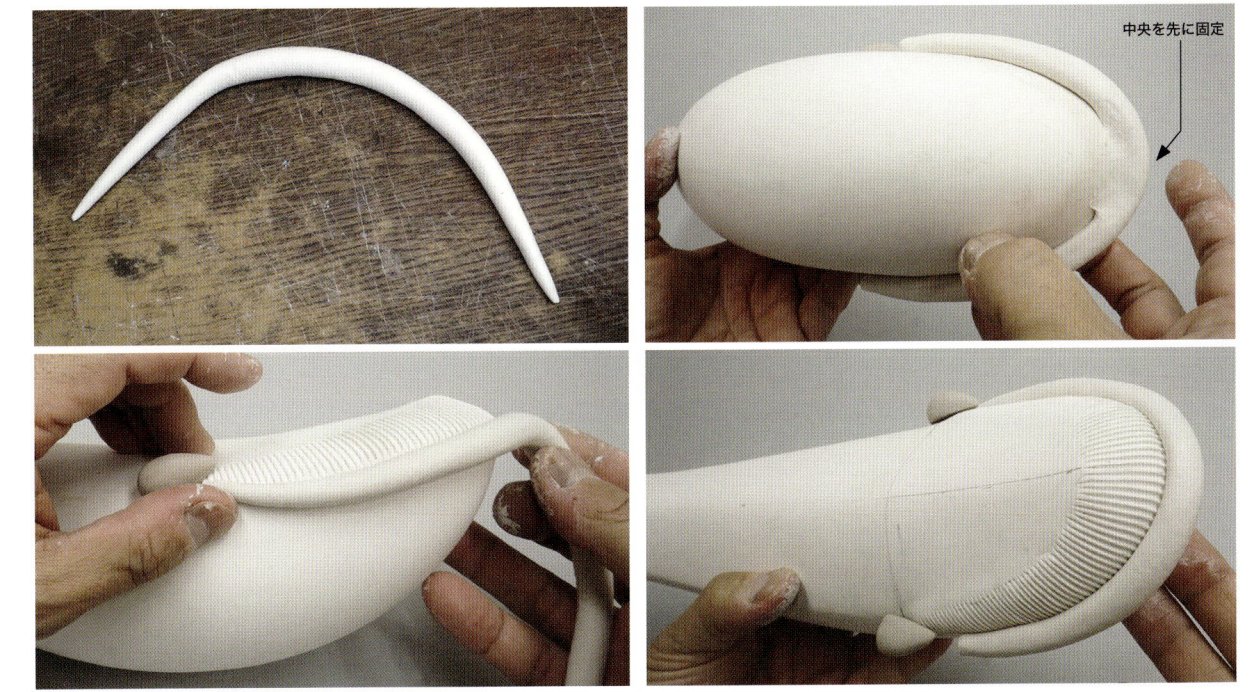

中央を先に固定

1 粘土を細長く伸ばし、唇部分をつくる。中央部分を伸ばし付けて固定してから、左右対称になるように貼り付けていく。

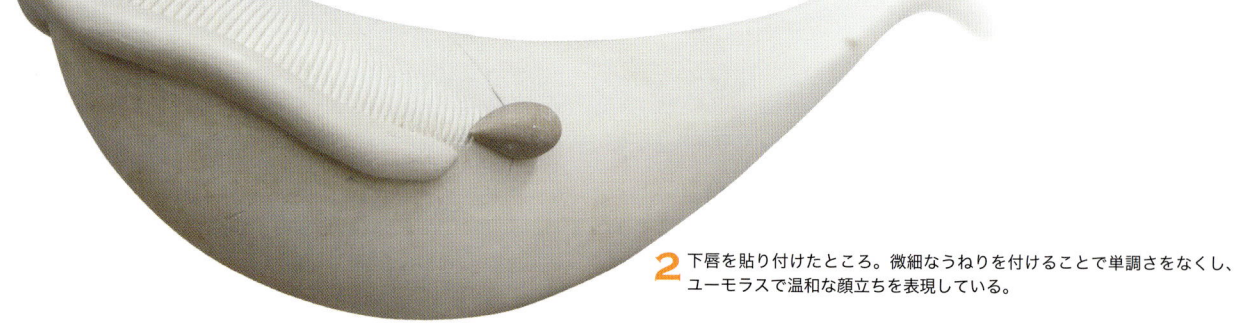

2 下唇を貼り付けたところ。微細なうねりを付けることで単調さをなくし、ユーモラスで温和な顔立ちを表現している。

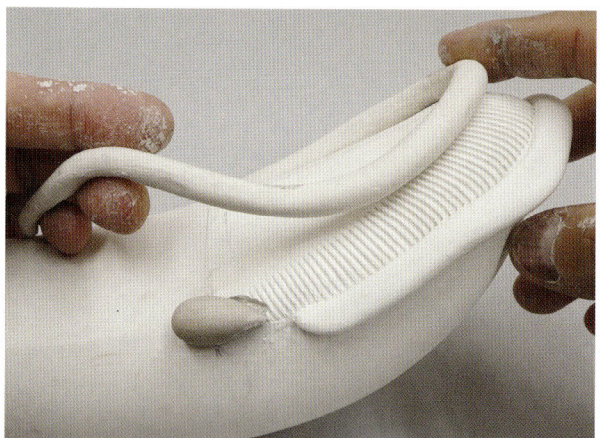

3 再び粘土を細長く伸ばし、上唇をつくる。上唇の末端は目をぐるりと覆うように取り付ける。

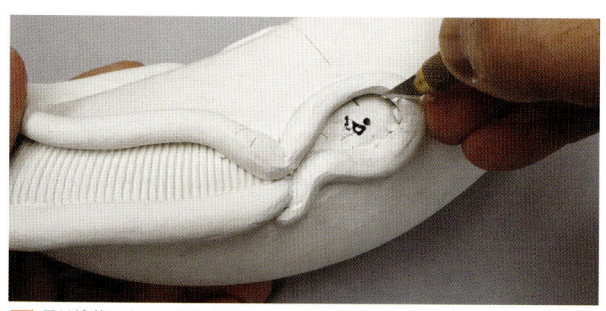

5 目は塗装によって厚みが出るので、目の周囲をナイフで削り、組み立て時にきちんと目がはまるようにしておく。

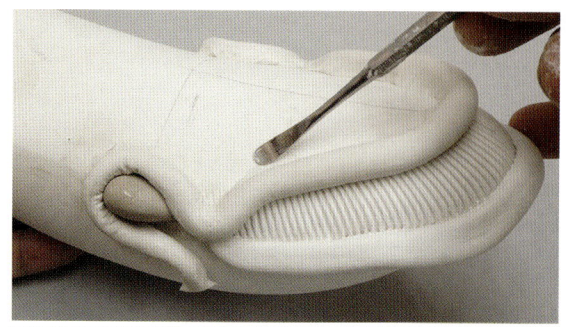

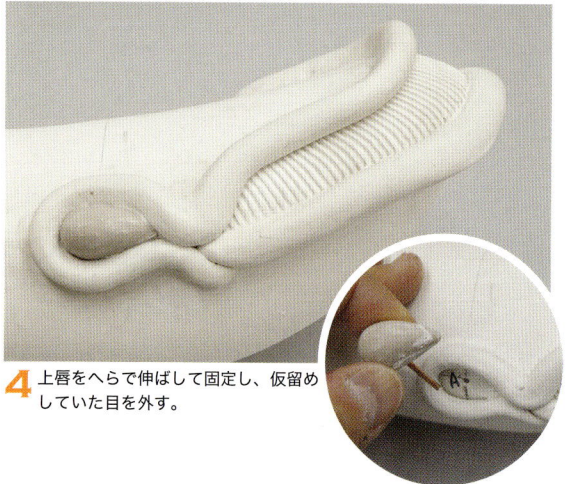

4 上唇をへらで伸ばして固定し、仮留めしていた目を外す。

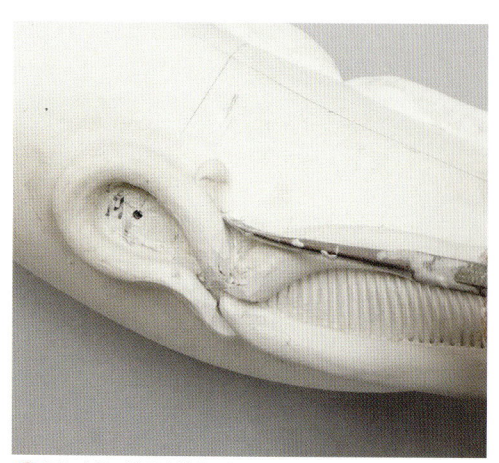

6 唇と本体の隙間を粘土で埋め、へらで整えていく。

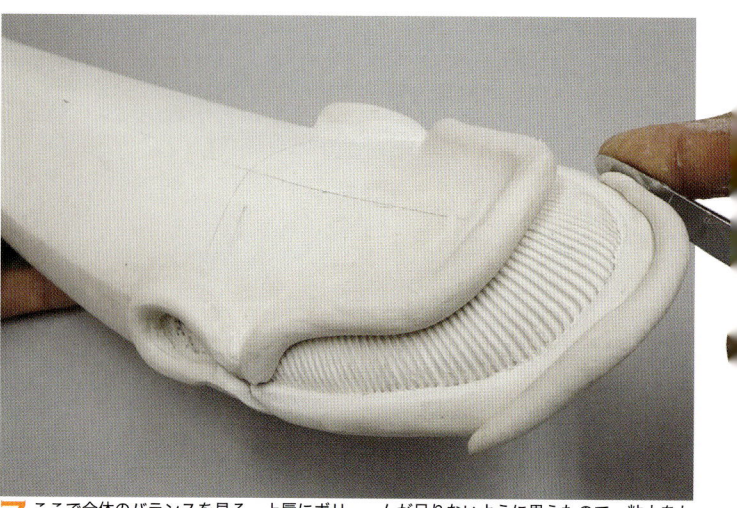

7 ここで全体のバランスを見る。上唇にボリュームが足りないように思えたので、粘土をかぶせて厚みを加える。

● **尾ひれを接続する**

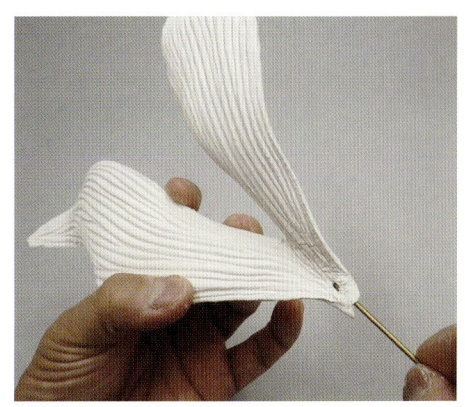

1 本体の末端と、尾ひれのパーツの根元にそれぞれドリルで穴を開ける。

2 真鍮線を尾ひれ側に挿し込む。

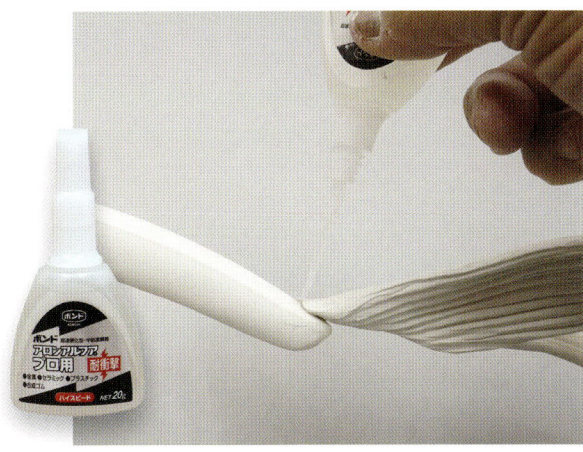

3 本体と接続し、瞬間接着剤を付ける。ここでは、コニシ「アロンアルファ プロ用耐衝撃」を使用。

4 接続部分を補強するように粘土をかぶせる。

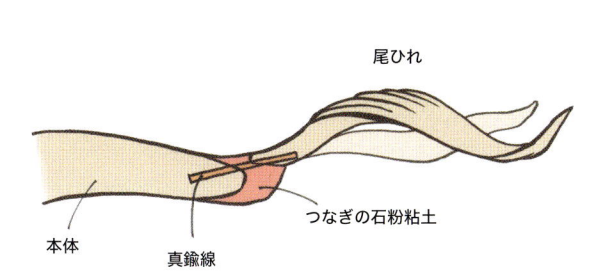

尾ひれ

本体 　真鍮線 　　つなぎの石粉粘土

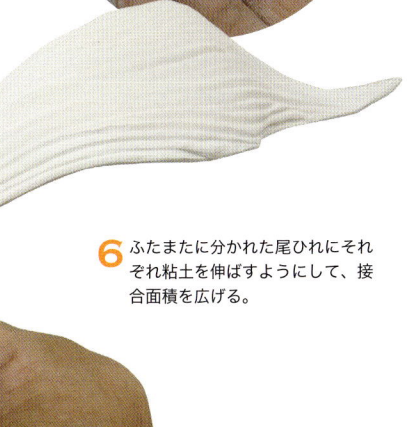

5 横から見た図。内側に真鍮線を入れることで、折れにくく強固になる。

6 ふたまたに分かれた尾ひれにそれぞれ粘土を伸ばすようにして、接合面積を広げる。

3 煙突の造形

● 芯材を切り出す

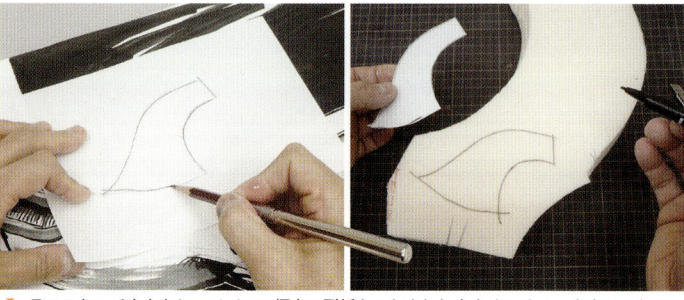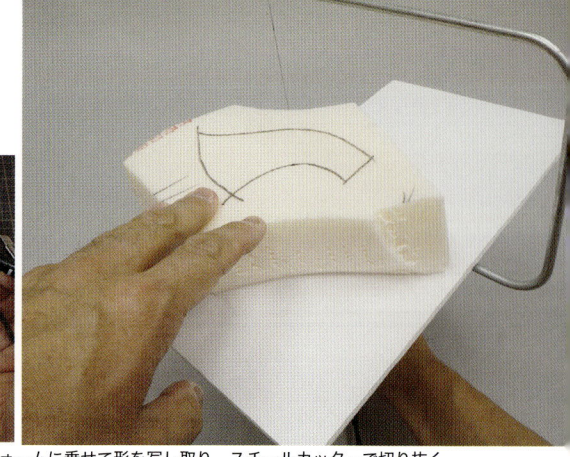

1 ラフスケッチをもとに、メインの煙突の型紙をひとまわり小さくつくる。カネライトフォームに乗せて形を写し取り、スチールカッターで切り抜く。

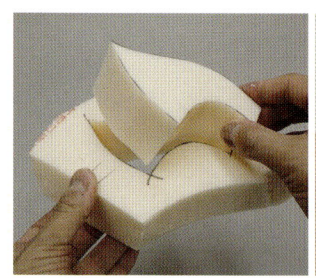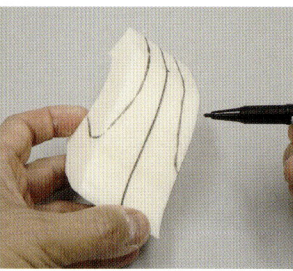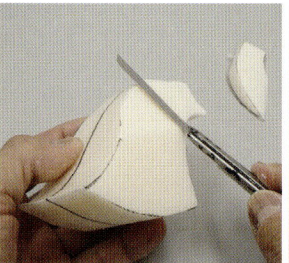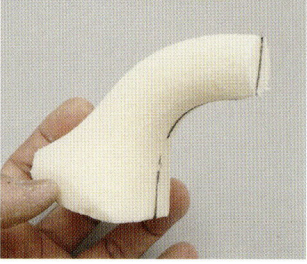

2 さらに油性ペンでアタリを描き込み、カッターで余剰部分を削り取って形をつくっていく。120番の布ヤスリで表面をなめらかにする。

● 粘土で包み、位置を合わせる

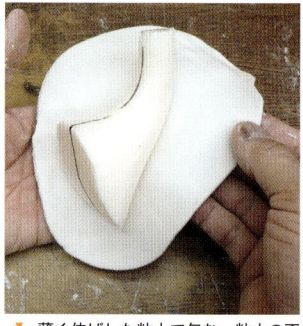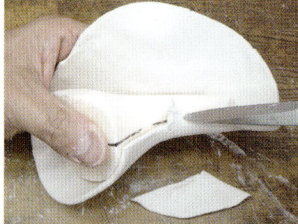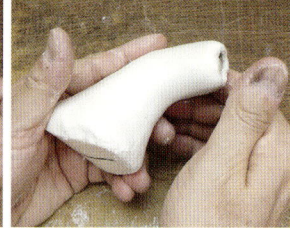

1 薄く伸ばした粘土で包む。粘土の不要部分をはさみで適宜カットし、厚ぼったく不均一な表面にならないようにする。

2 煙突の口の部分は粘土を巻いて乾燥させた後、内側のカネライトフォームを取り出し、内側を粘土で裏打ちしておく。

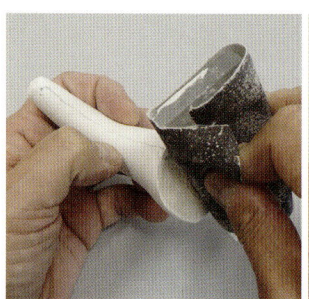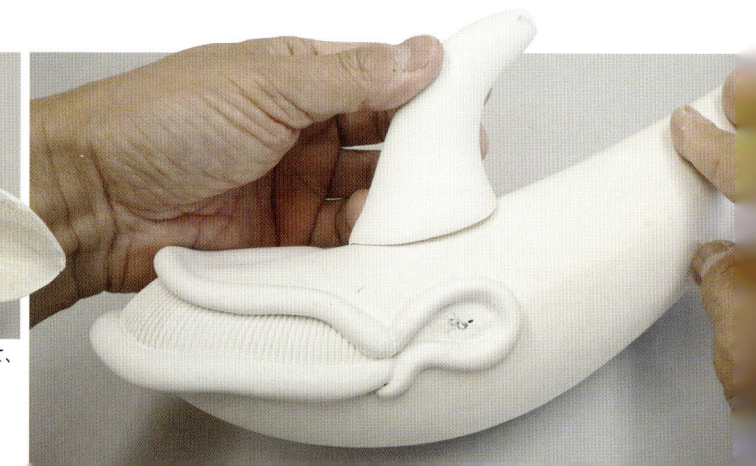

3 煙突の底の部分をカッターや布ヤスリで削る。本体に乗せてみて、傾きがないか確認しながら形を整える。

● 本体へ取り付ける

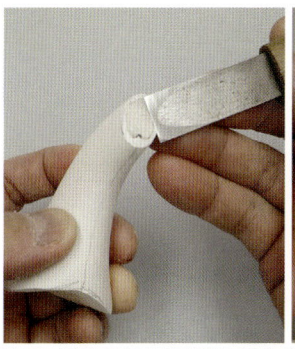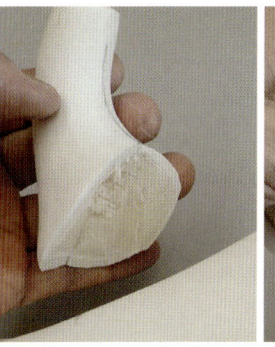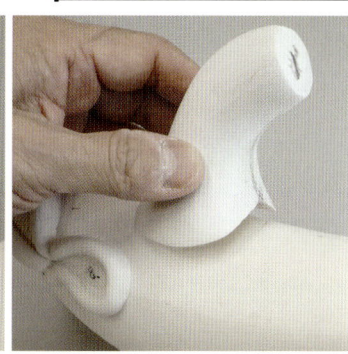

1 煙突の口部分を彫刻刀で平らになら
して整える。本体に乗せて瞬間接着
剤で固定。本体と煙突のすき間を埋
めるように、伸ばした粘土を盛る。
そこからなめらかなラインをつく
る。

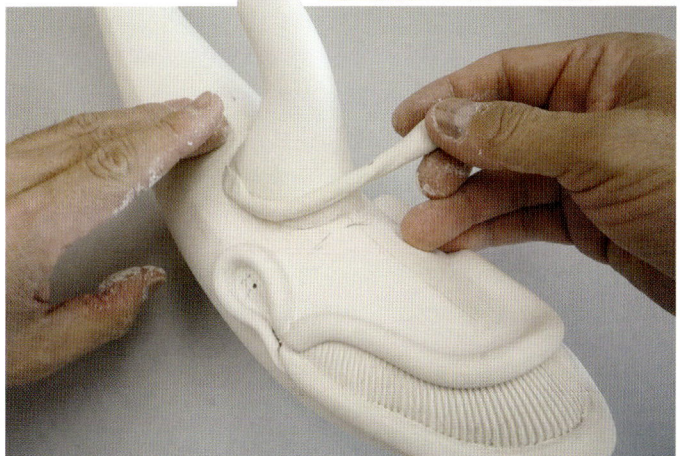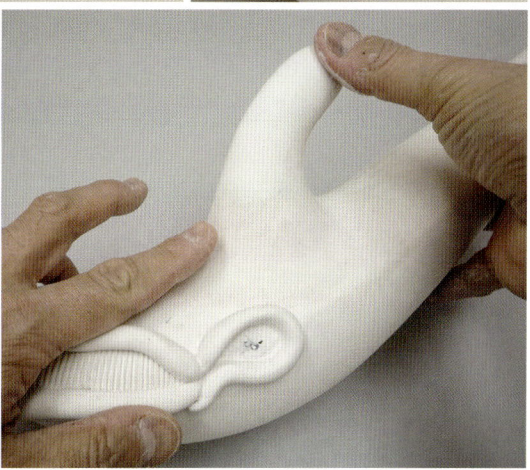

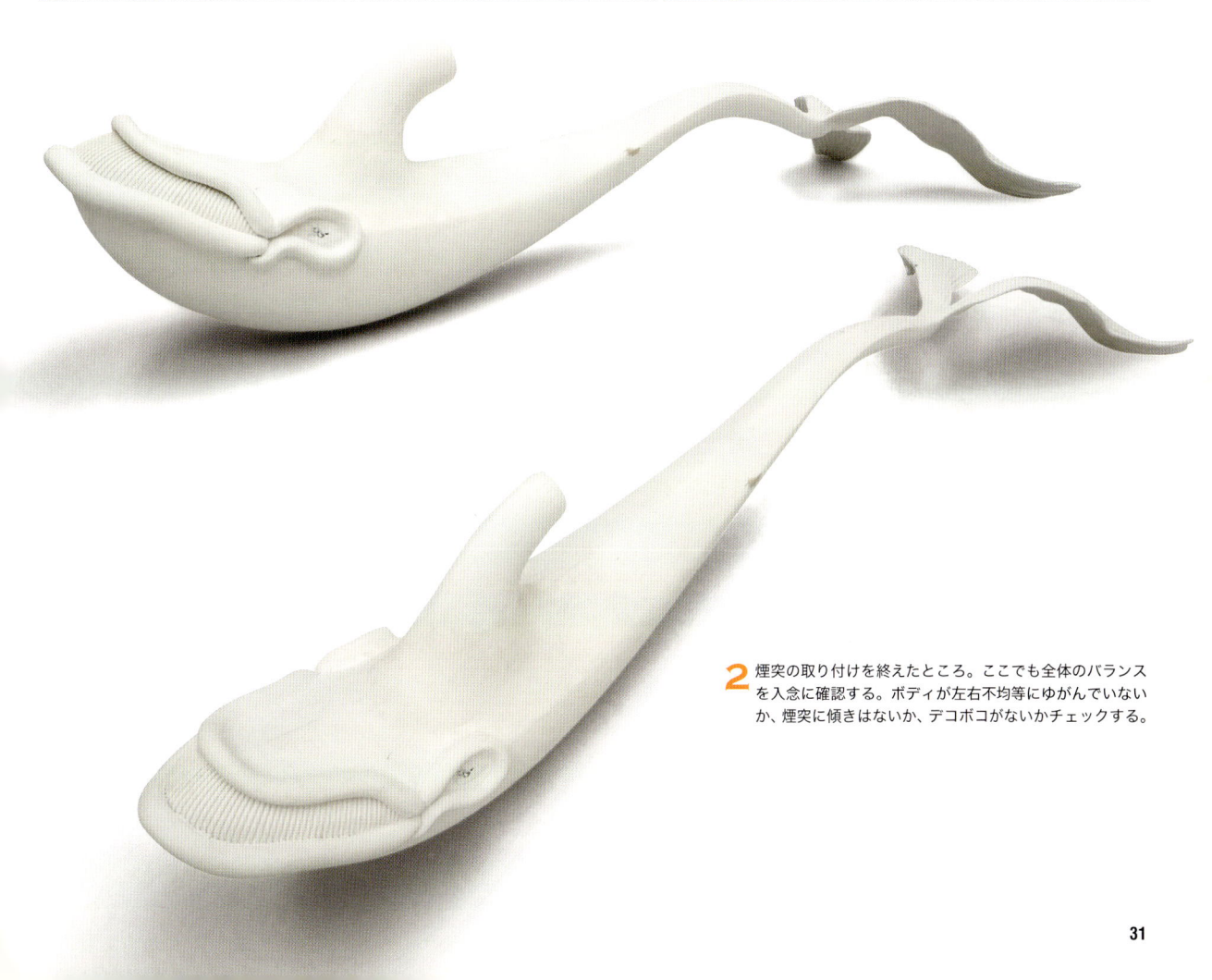

2 煙突の取り付けを終えたところ。ここでも全体のバランス
を入念に確認する。ボディが左右不均等にゆがんでいない
か、煙突に傾きはないか、デコボコがないかチェックする。

4 台座の組み立て

● 合板を組む

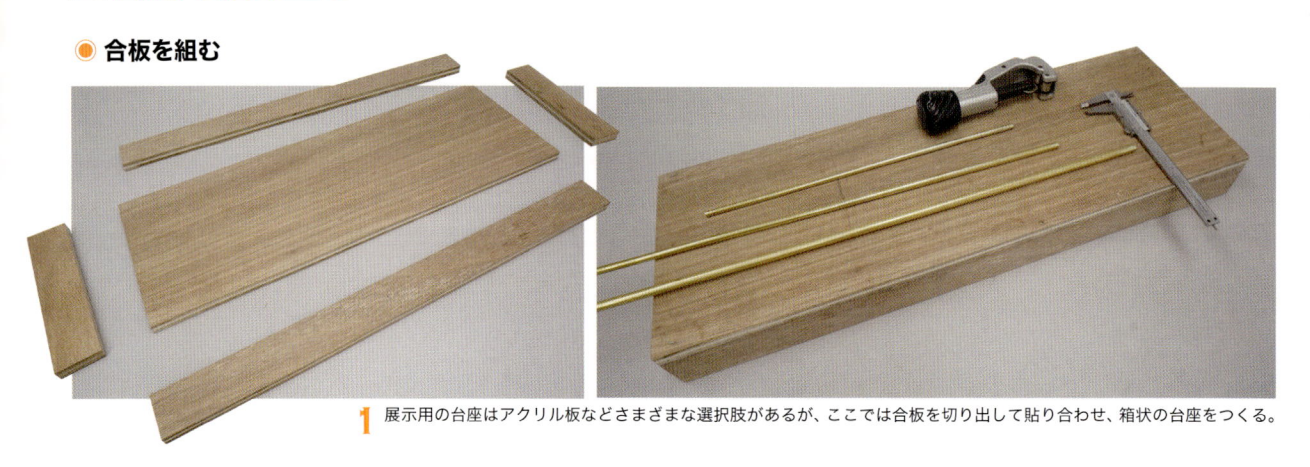

1 展示用の台座はアクリル板などさまざまな選択肢があるが、ここでは合板を切り出して貼り合わせ、箱状の台座をつくる。

● 支柱をつくる

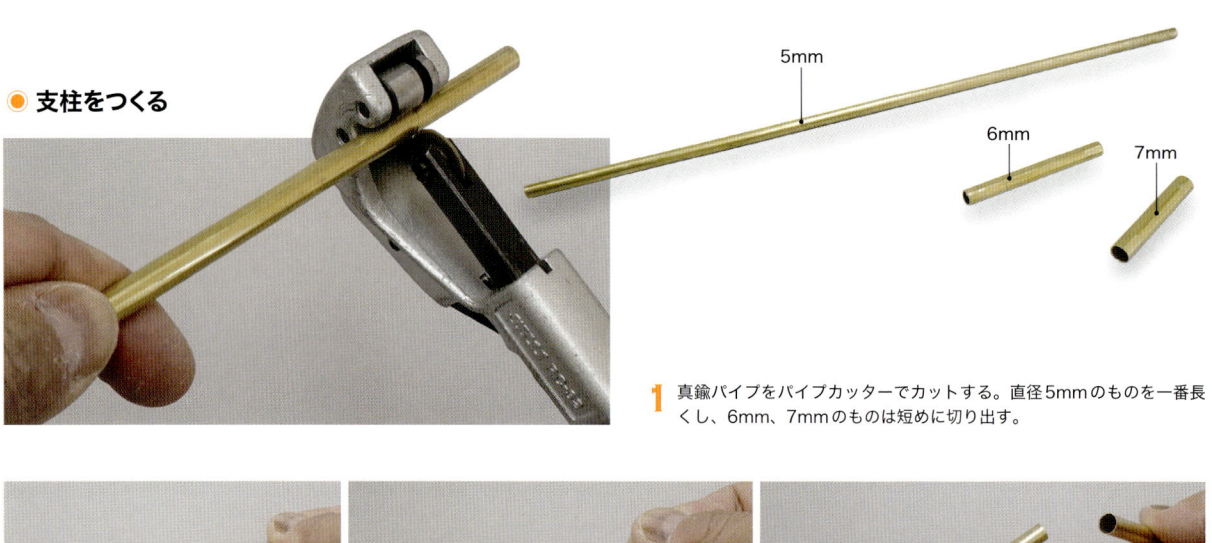

5mm
6mm
7mm

1 真鍮パイプをパイプカッターでカットする。直径5mmのものを一番長くし、6mm、7mmのものは短めに切り出す。

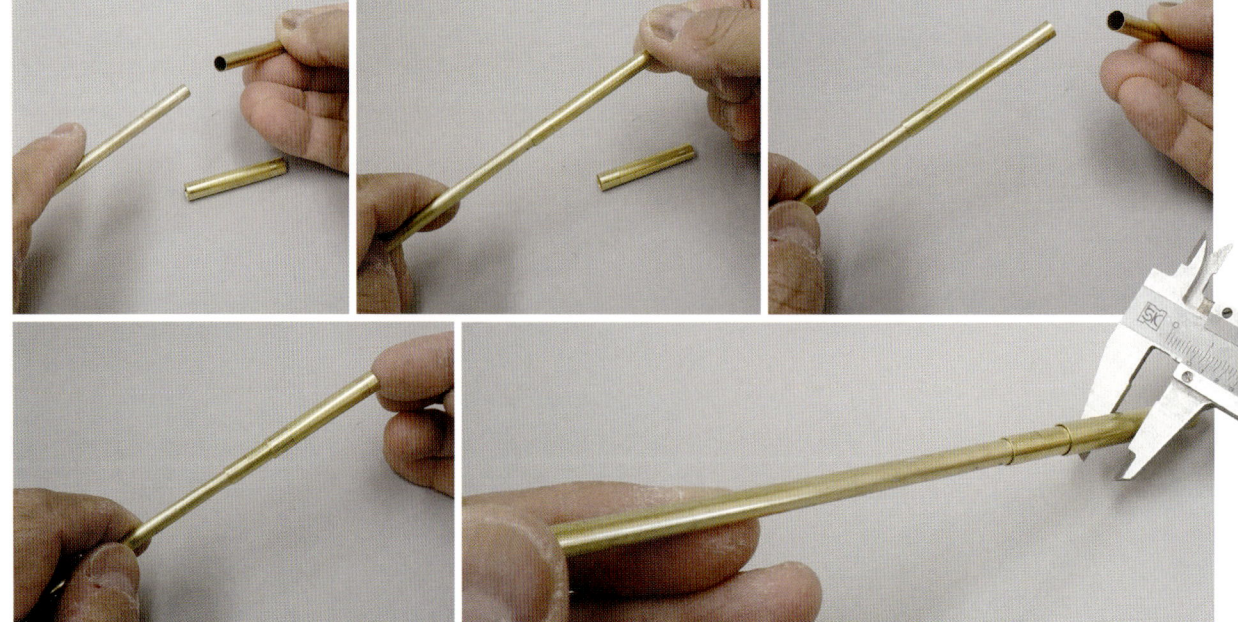

2 細いパイプに太いパイプをかぶせるようにして組み立てていく。最後にノギスで直径を確認し、これに合わせてドリル刃を選ぶ。

● 本体を取り付けてバランスを見る

1 真鍮パイプの太さに合ったドリル刃を選択。マスキングテープを巻き付け、掘り進みすぎないようにして穴を開ける。

2 台座に真鍮パイプを固定し、合板で裏打ちしてからクジラ本体を取り付ける。ここでは本体を接着せず、取り外しができるようにしておく。

3 台座が小さすぎると不安定に見え、大きすぎるとクジラが主役に見えなくなってしまう。ベストなバランスを模索し、ゆらめく尾ひれの下に少し空間を持たせた。

メカの造形〜ディテールアップ

1 排気塔ほか管状パーツの制作

● 樹脂粘土でパーツをつくる

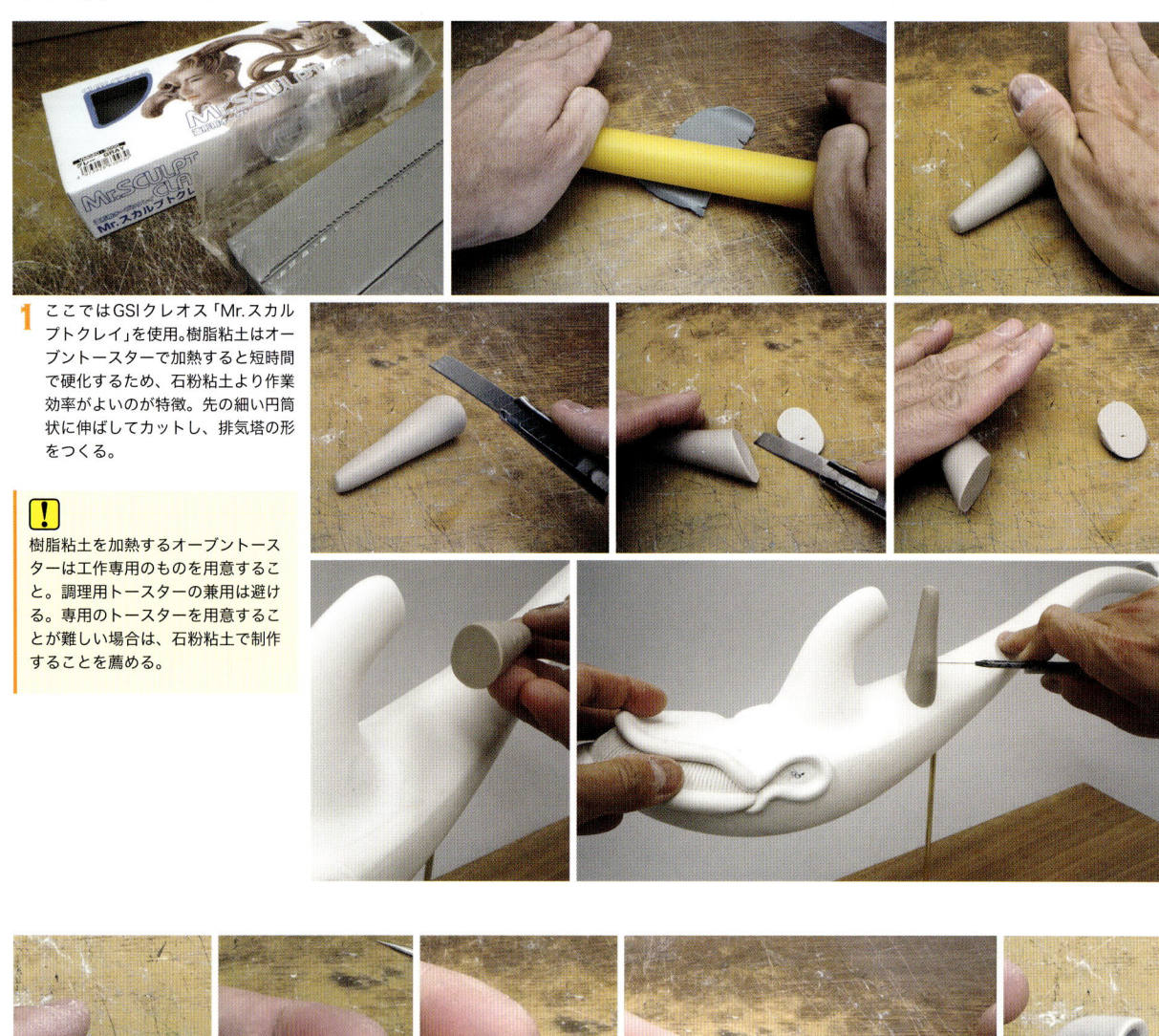

1 ここではGSIクレオス「Mr.スカルプトクレイ」を使用。樹脂粘土はオーブントースターで加熱すると短時間で硬化するため、石粉粘土より作業効率がよいのが特徴。先の細い円筒状に伸ばしてカットし、排気塔の形をつくる。

⚠ 樹脂粘土を加熱するオーブントースターは工作専用のものを用意すること。調理用トースターの兼用は避ける。専用のトースターを用意することが難しい場合は、石粉粘土で制作することを薦める。

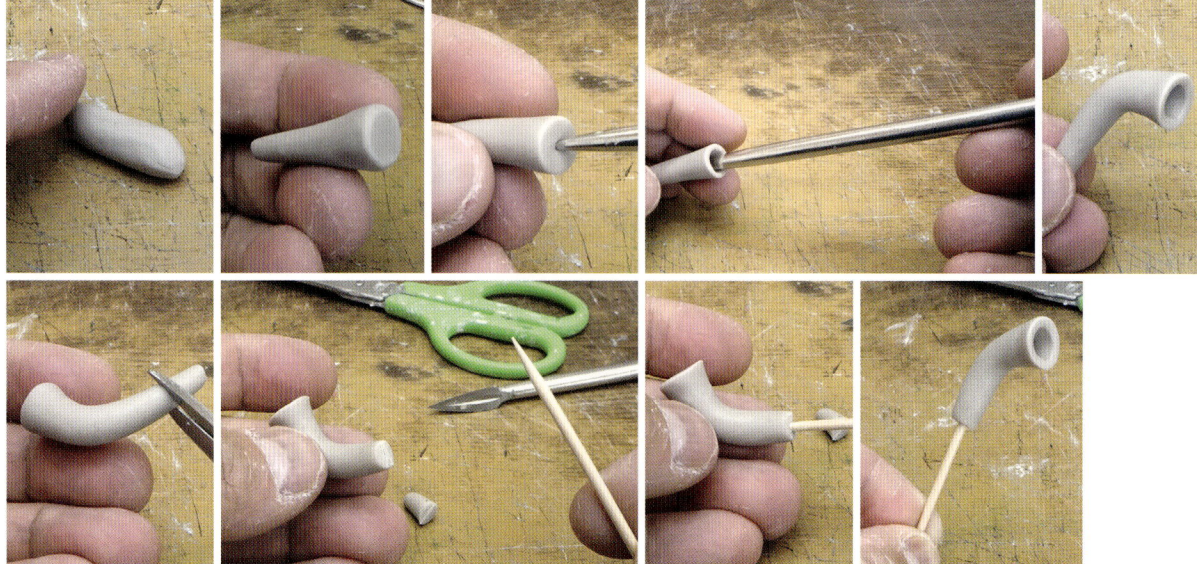

2 小型の排気パイプをつくる。粘土を円錐形に整え、ニードルで穴を開ける。少し曲がった形に整形し、はさみで切って長さを調節する。

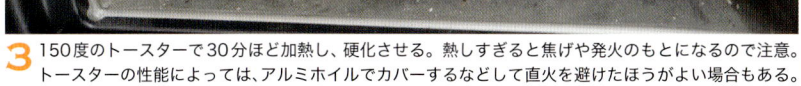

3 150度のトースターで30分ほど加熱し、硬化させる。熱しすぎると焦げや発火のもとになるので注意。トースターの性能によっては、アルミホイルでカバーするなどして直火を避けたほうがよい場合もある。

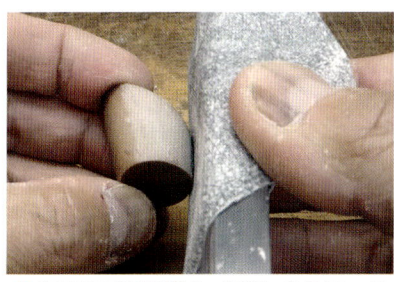
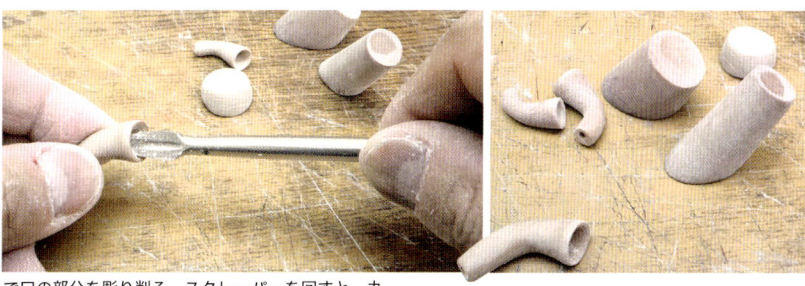

4 布ヤスリで表面を整え、先の尖ったスクレーパーで口の部分を彫り削る。スクレーパーを回すと、丸い穴を開けるように削れる。

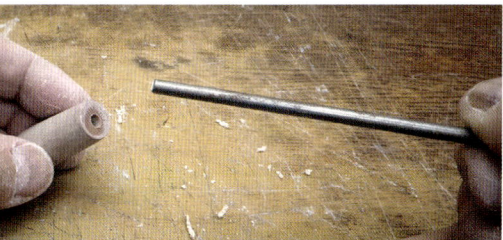
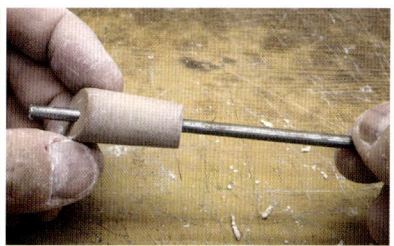

5 排気塔の土台となるパーツにドリルで穴を開け、スチールの丸棒を通す（アルミ棒などでもよい）。

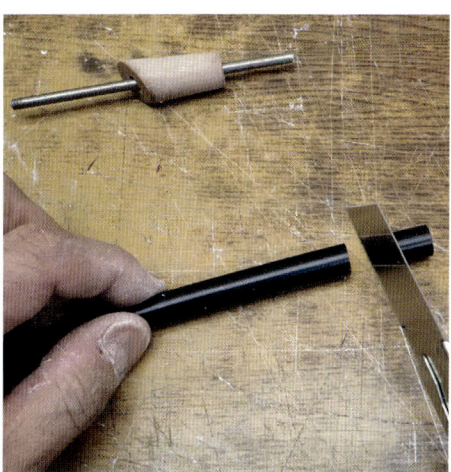
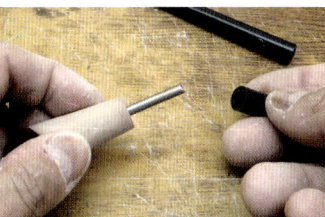

6 ビニールチューブを輪切りにし、丸棒に通す。さらに細いチューブを輪切りにし、積み重ねる。なお、ここでは日本化線のカラーワイヤー「自遊自在」を、中の針金を抜きチューブのみにして使用している。

1 ビニールチューブに糸はんだをグルグルと3回巻き付けてカットする。

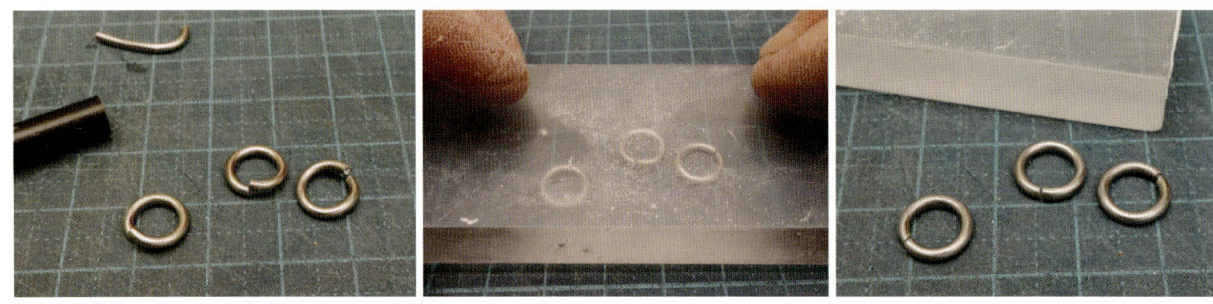

2 3つに分割し、アクリル板で押さえつけてリング状のパーツをつくる。

極細ノズル

3 細いチューブに瞬間接着剤で固定し、さらに太いチューブをつなげる。土台に接続し、段々になった塔の形をつくる。ここでの作業に限らず、細部の接着には瞬間接着剤用の極細ノズルを使う。

4 さらに太いチューブに糸はんだを巻き付け、リング状のパーツを制作。瞬間接着剤で固定して塔のディテールとする。

5 太さの異なる排気塔も
同じ要領で制作する。

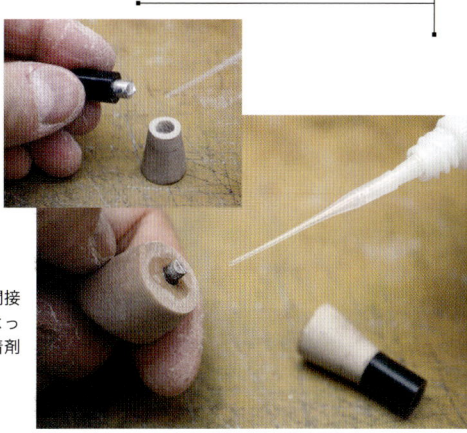

6 アルミの丸棒を芯にして瞬間接
着剤で接着。毛細管現象によっ
て液がいきわたるので、接着剤
はほんの少量でよい。

● 排気塔の位置を決める

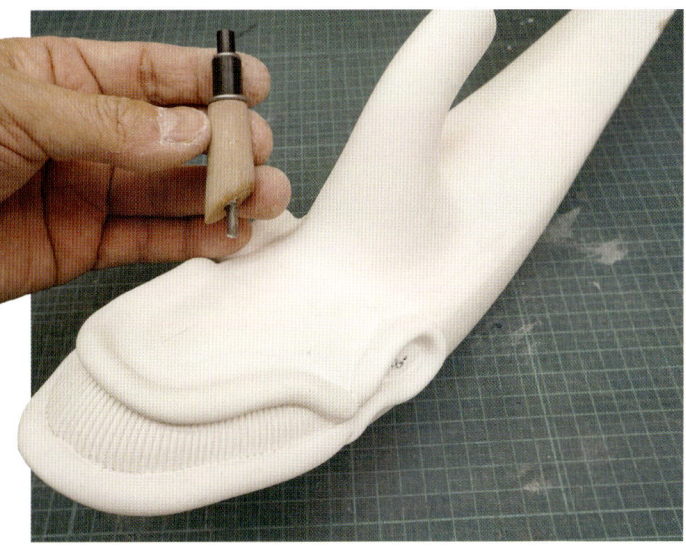

1 見た目が単調にならないよ
うにバランスを考え、長さ
や太さの異なる3つの排気
塔を配置する。取り付ける
場所に鉛筆で印を付け、ド
リルで穴を開ける。

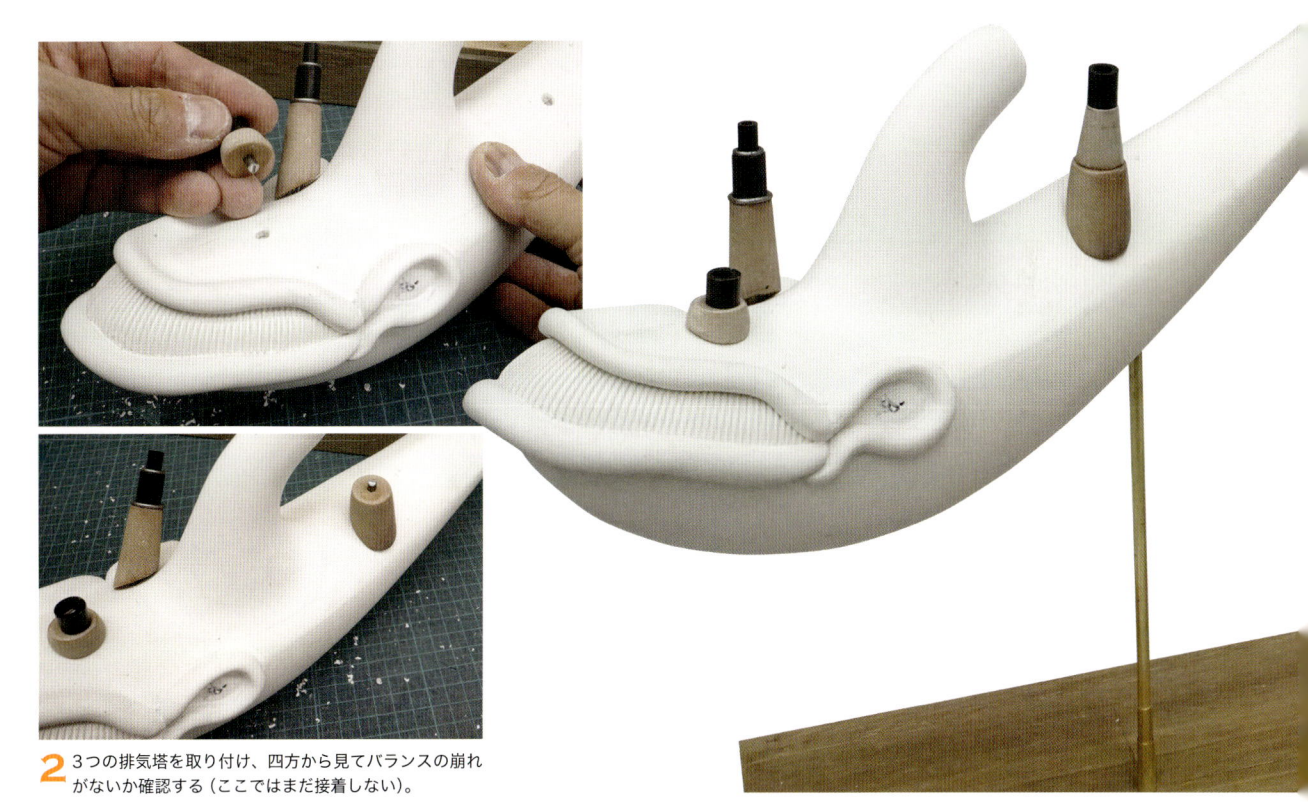

2 3つの排気塔を取り付け、四方から見てバランスの崩れ
がないか確認する（ここではまだ接着しない）。

● 塔の土台を調整する

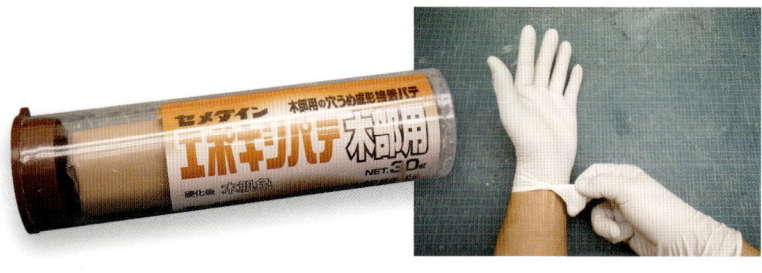

1 排気塔を取り付けるボディは曲面なので、土台部分に隙間ができる。ここではセメダイン「エポキシパテ木部用」を使用し、隙間を埋めていく。エポキシパテは硬化時の肉やせがほとんどないので、隙間をつくらず形状をぴったり合わせたい部分の造形に適している。

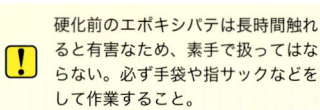

⚠ 硬化前のエポキシパテは長時間触れると有害なため、素手で扱ってはならない。必ず手袋や指サックなどをして作業すること。

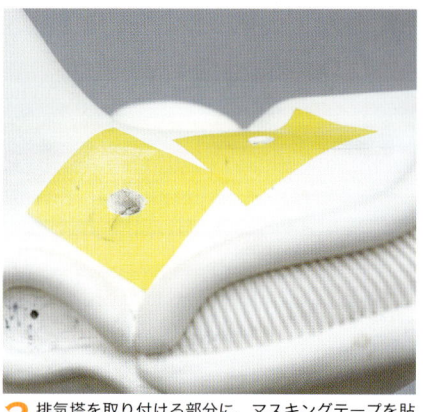

2 排気塔を取り付ける部分に、マスキングテープを貼り付けておく（あとで剥がす）。

3 排気塔を取り付け、よく練り合わせたエポキシパテで隙間を埋める。あとで削って整形するので、ややはみ出る程度でよい。

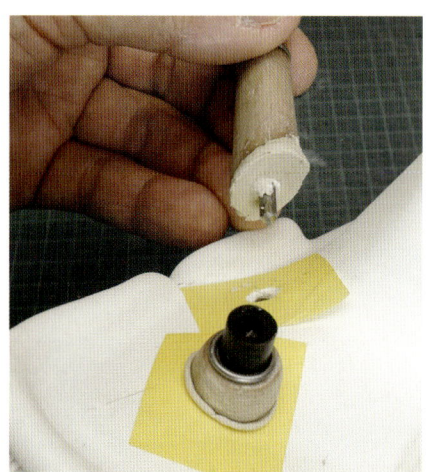

4 10分ほど待って硬化したら、排気塔を取り外す。マスキングテープを貼っておいたので容易に取り外しができる。

5 120番の布ヤスリで余分なパテを削り、整える。

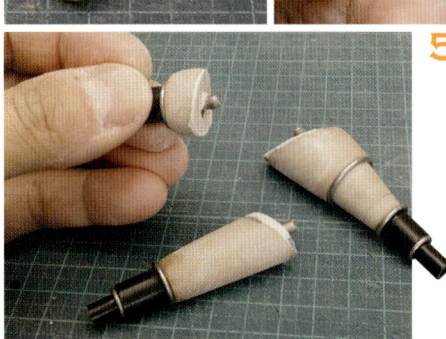

6 土台部分に糸はんだを巻いてリング状のディテールを加える。

② 糸はんだによるディテールアップ

● ボディに糸はんだを這わせて貼り付ける

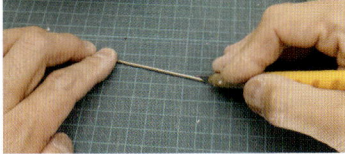

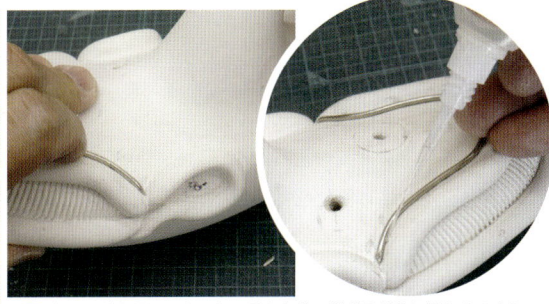

1 糸はんだを長めにカット。唇と本体の継ぎ目部分に這わせるようにして、瞬間接着剤で貼り付けていく。

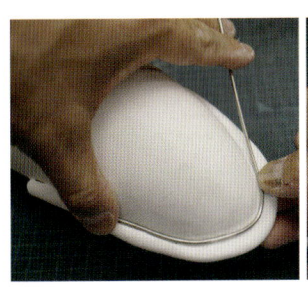
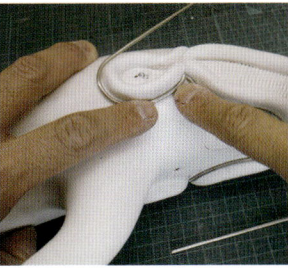
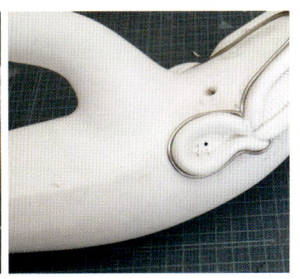

2 目と口元の境界など、デザイン上おさまりがよいところに糸はんだの継ぎ目が来るようにする。

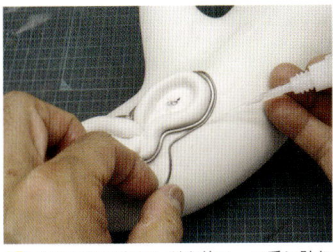
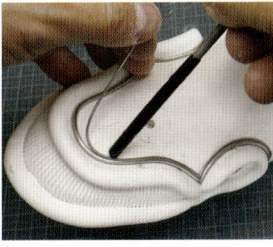

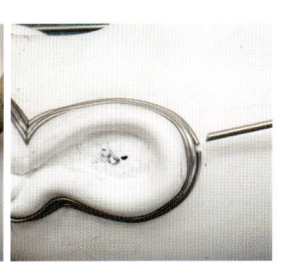

3 さらに細い糸はんだを使い、二重に貼り付けていく。このとき、棒状のもので押さえると作業がしやすい。ここでは棒ヤスリの柄を使っているが、本体に傷を付けないものであれば何でもOK。

4 目の周囲に貼り終えた糸はんだの一部を切り、ボディの横に付ける糸はんだの接続部をつくる。

5 ボディの横の曲面に這わせるように糸はんだを貼り付ける。ここも細い糸はんだを加えて二重にする。

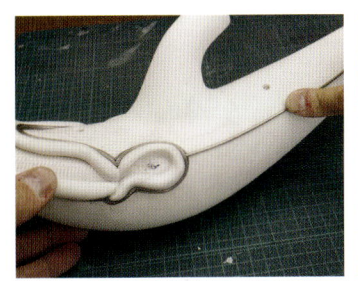
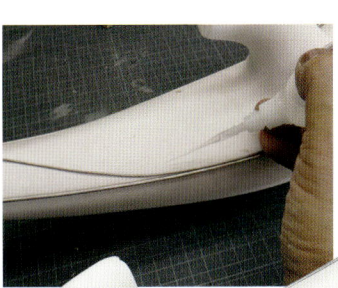

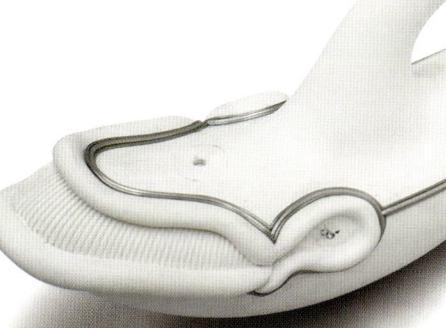

6 ボディに糸はんだを貼り終えたところ。糸はんだによって、粘土のみの造形に大きくメリハリが加わったことがわかる。

● 煙突部に、糸はんだを水平に貼り付ける

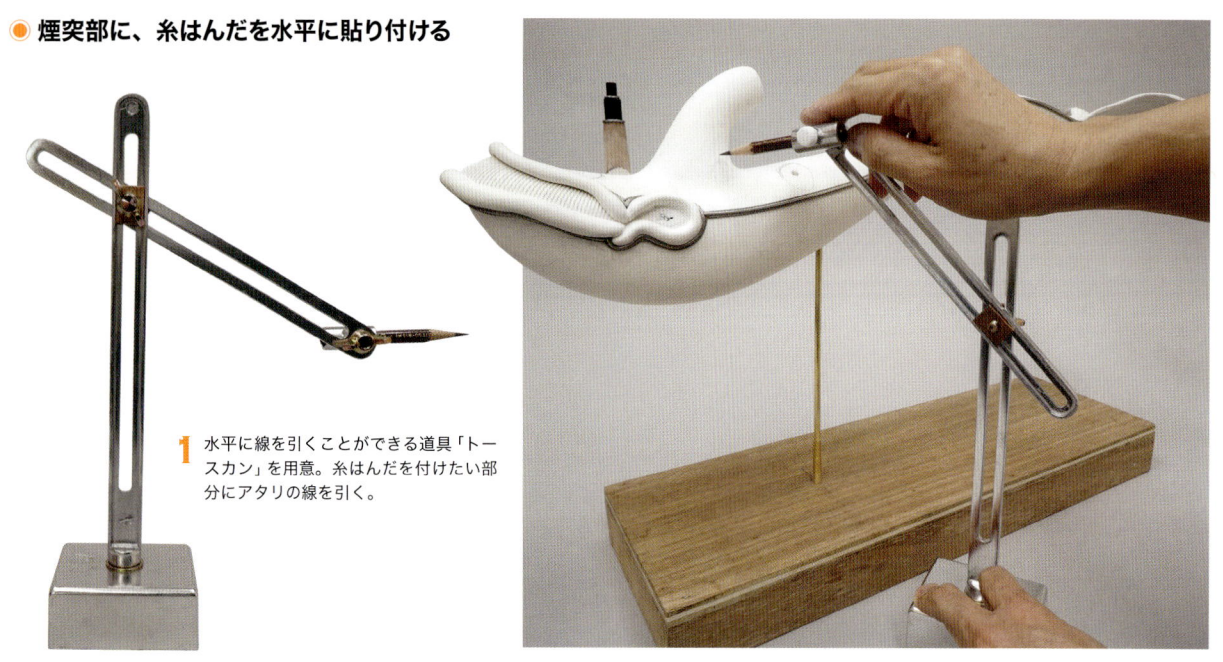

1 水平に線を引くことができる道具「トースカン」を用意。糸はんだを付けたい部分にアタリの線を引く。

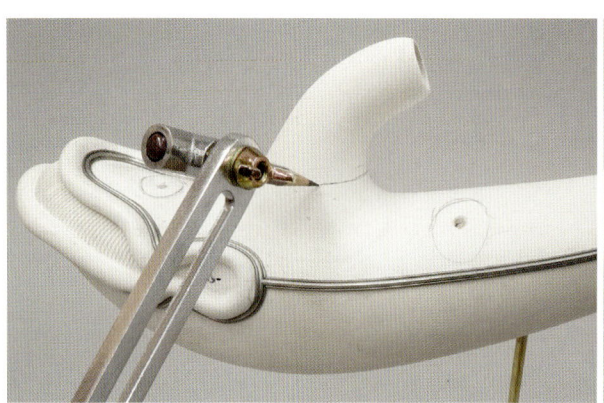
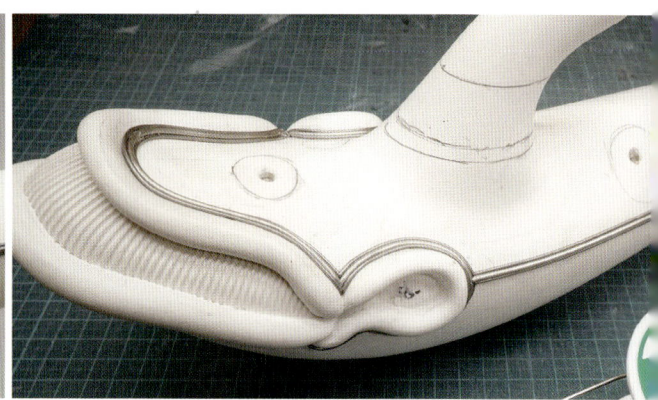

2 トースカンを使うと、曲面的な造形部分にも水平に線が引ける。

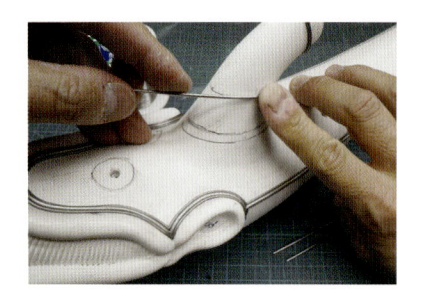

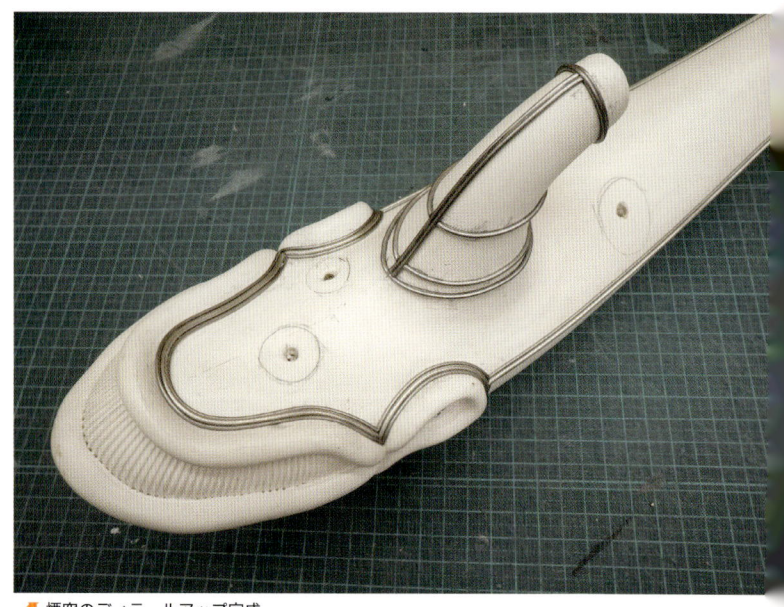

3 水平線に合わせて糸はんだを貼り付け、一部を切り、縦にも糸はんだを渡すように貼り付ける。

4 煙突のディテールアップ完成。

● 排気塔に糸はんだで装飾を加える

1 大小の排気塔を取り付け、全体のバランスを確認する。

2 いったん台座の上に展示し、塔が傾いていないかチェックする。クジラのボディが生物的な流線形であるぶん、煙突や排気塔は機械らしい緻密さ・規則性があったほうがバランスが取れる。煙突や排気塔に貼り付けた糸はんだがきちんと地面に対して水平になっているか、ゆがみはないか確認すること。

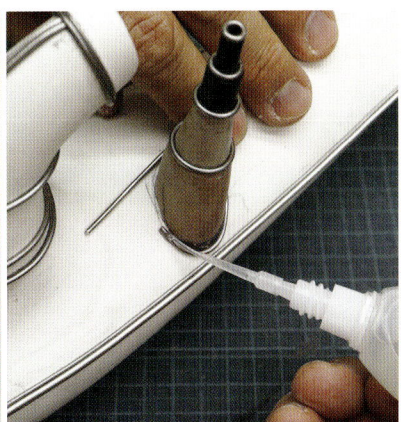

3 排気塔の根元に糸はんだを巻き付け、瞬間接着剤で固定する。継ぎ目は見えにくい場所、後のディテール追加で隠れる場所にする。

③ 煙突の開口部の造形

● 連結したチューブを埋め込む

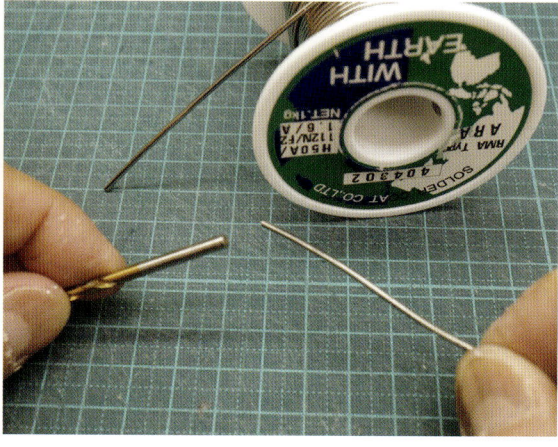

1 ビニールチューブを用意し、内側の空洞とちょうどサイズの合う棒を探す（ここではドリル刃を使ったが、ほかのものでもよい）。この棒に糸はんだを巻き付けることで、ビニールチューブと同じ太さのリング状パーツをつくることができる。

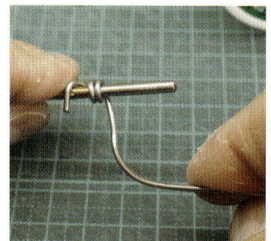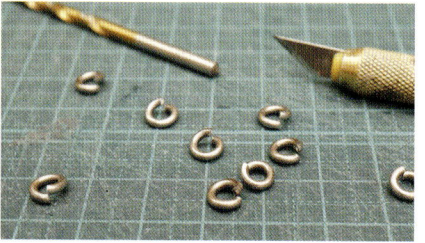

2 糸はんだを幾重にも巻き付け、分割してリング状のパーツを量産する。

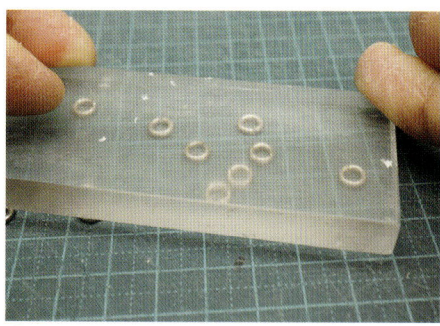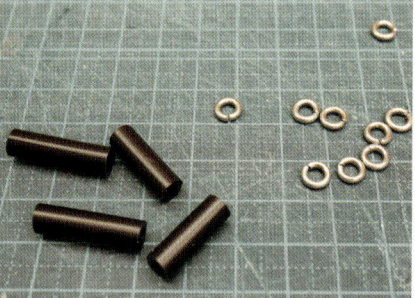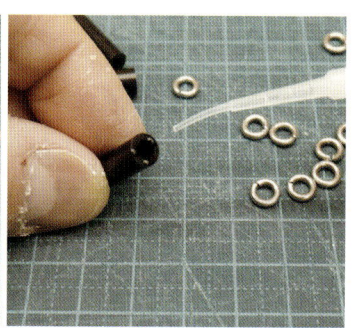

3 アクリル板で押さえつけて平らにする。短くカットしたビニールチューブに瞬間接着剤で取り付けていく。

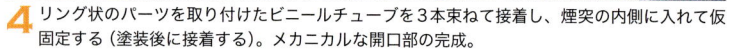

4 リング状のパーツを取り付けたビニールチューブを3本束ねて接着し、煙突の内側に入れて仮固定する（塗装後に接着する）。メカニカルな開口部の完成。

④ 背面のディテール追加

● 小型パーツの制作と取り付け

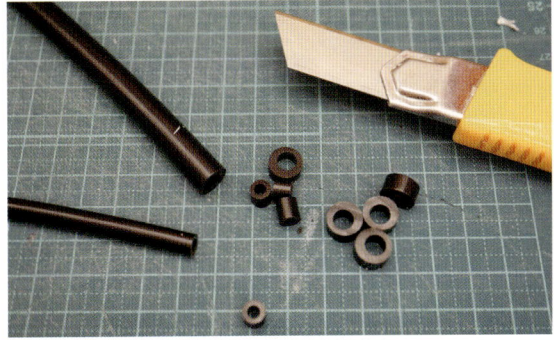

1 前ページと同じ要領で、輪切りのビニールチューブとリング状のパーツを制作する。

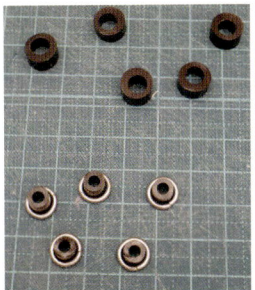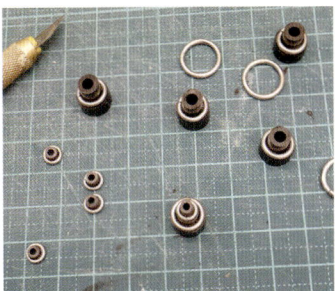

2 ビニールチューブとリング状のパーツを接着。大きいものから順に積み上げて、先の細い塔のような形にする。

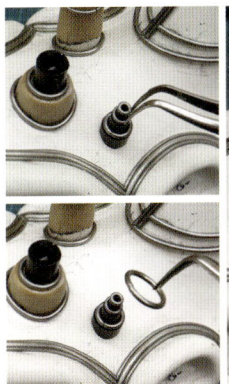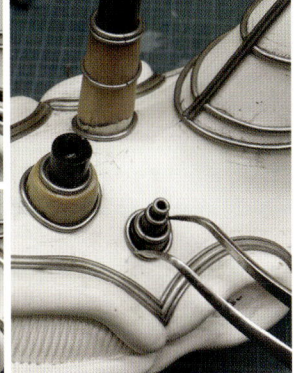

3 ボディの上部に取り付け、根元にリング状パーツを付ける。

● 糸はんだのディテール追加

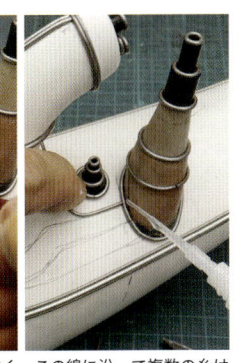

1 ディテールを追加する場所に、鉛筆でアタリの線を描く。この線に沿って複数の糸はんだを貼り付けていく。

2 複数の糸はんだを合わせて、ボディに這わせるようにして貼り付けていく。瞬間接着剤で固定しながら少しずつ進める。

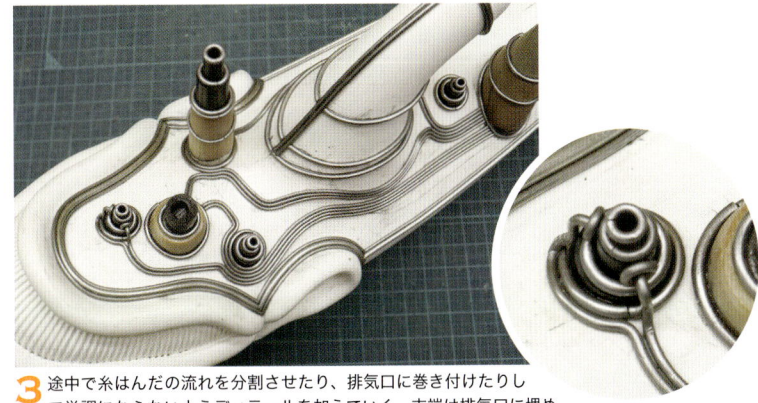

3 途中で糸はんだの流れを分割させたり、排気口に巻き付けたりして単調にならないようディテールを加えていく。末端は排気口に埋め込むようにして、単なる飾りではなく構造上の意味がありそうな見た目にする。

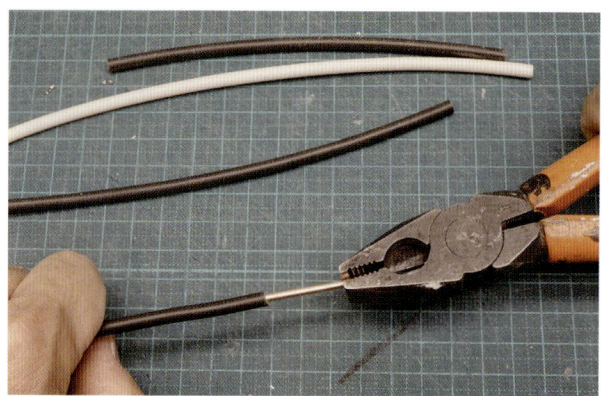

1 電子機器の配線などに使われるビニールケーブルを用意。中の銅線やアルミ線を抜き、代わりに糸はんだを挿入して太いパイプをつくる。

2 パイプを取り付ける場所の末端にドリルで穴を開ける。

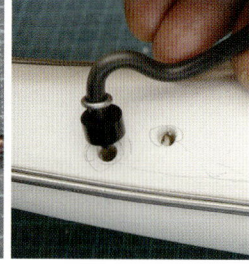

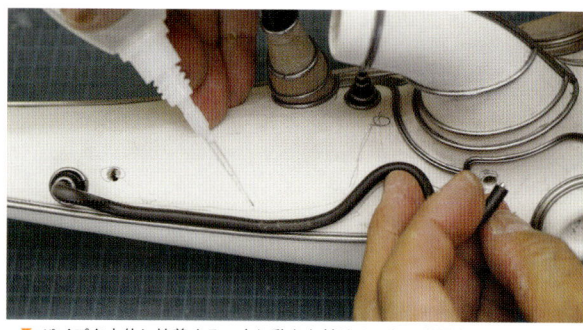

3 ひとまわり太いビニールチューブを輪切りにし、P43の要領でつくったリング状パーツとともに取り付ける。

4 パイプを本体に接着する。少し動きを付けることで単調さをなくす。

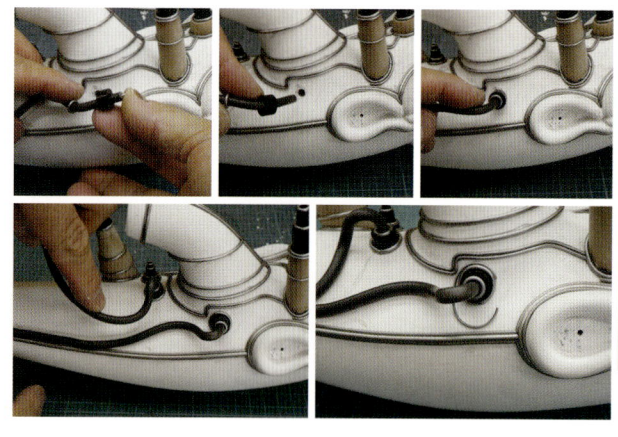

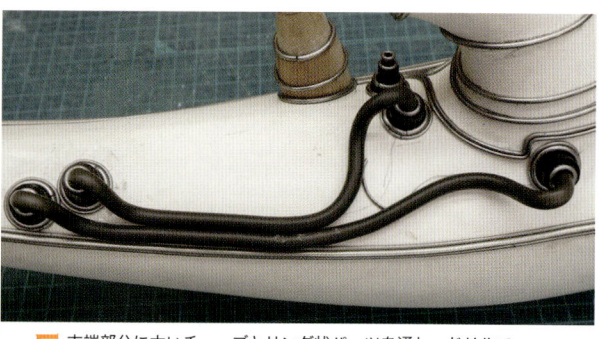

5 末端部分に太いチューブとリング状パーツを通し、ドリルで開けた穴に接着する。同様にして複数のパイプを取り付ける。

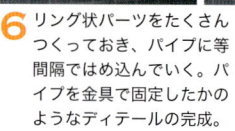

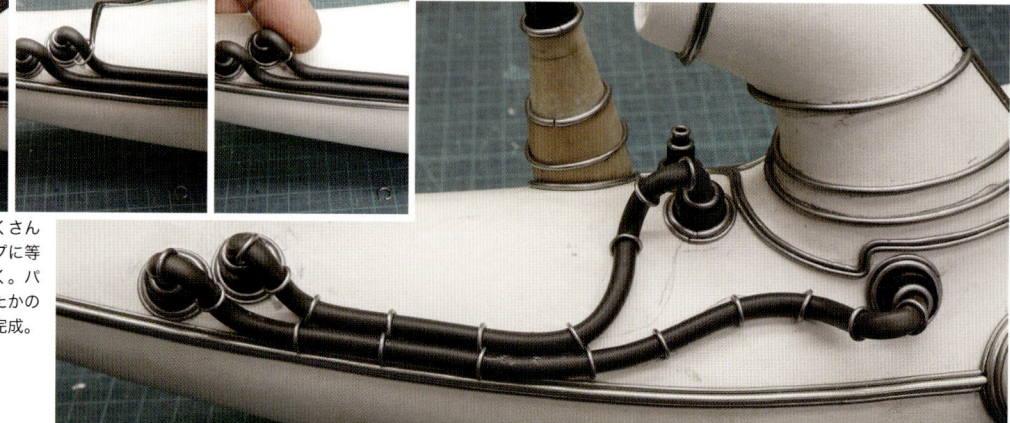

6 リング状パーツをたくさんつくっておき、パイプに等間隔ではめ込んでいく。パイプを金具で固定したかのようなディテールの完成。

● 細いパイプの配管

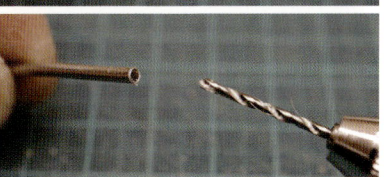

1 糸はんだをカットし、極細のドリル（ピンバイス）で穴を開ける。筒状に見えればよいので、深さは浅めでもよい。

2 ペンチで曲げてクランクをつくる。クランクによって単調さがなくなり、配管らしさが増す。

3 排気塔の高さに合わせてカットし、リング状パーツを付ける位置を決めて油性ペンで印を付ける。

4 リング状パーツを取り付け、末端にビニールチューブのパーツを付けてから本体に固定する。

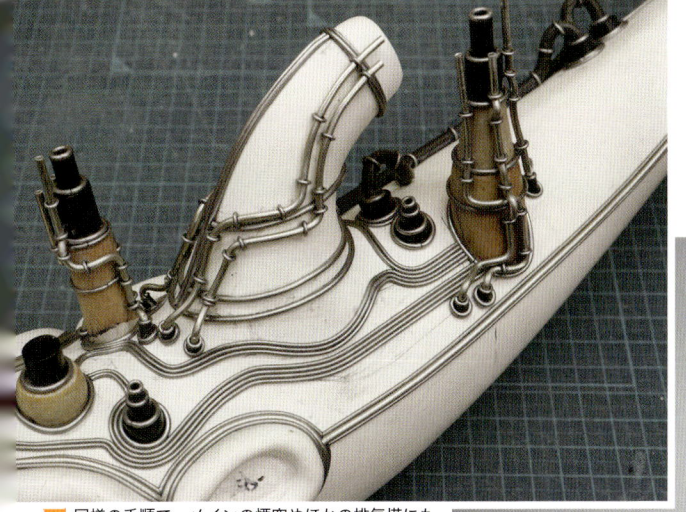
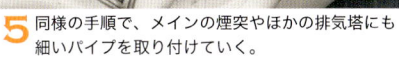
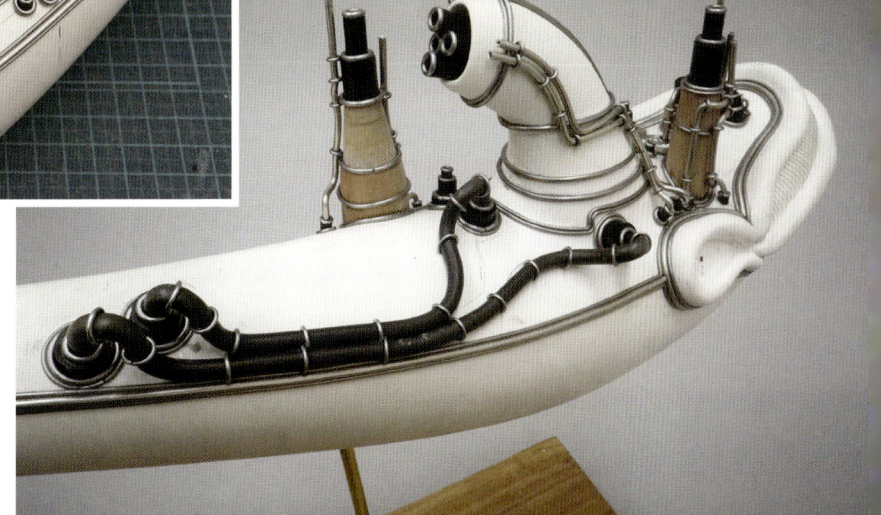

5 同様の手順で、メインの煙突やほかの排気塔にも細いパイプを取り付けていく。

5 ひれの取り付け

※ひれの取り付けは最後でもよい（最後のほうが作業の邪魔になりにくい）が、いったん仕上がりのイメージをつかむため、先にひれを付けることにした。

● ひれの位置を決め、固定する

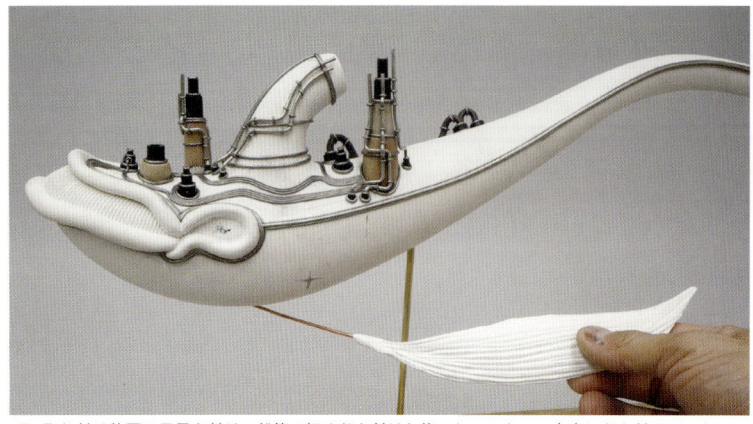
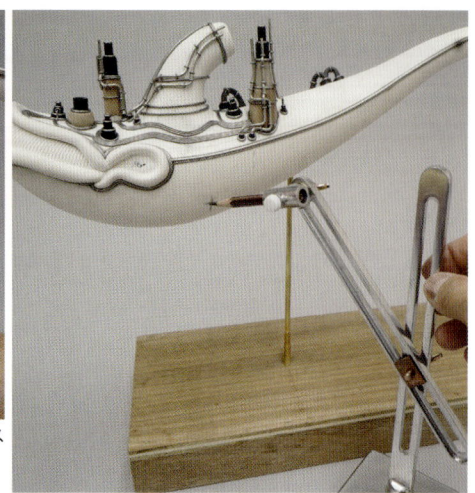

1 取り付け位置の目星を付け、鉛筆で軽く印を付けた後、トースカンで十字に印を付ける。トースカンを使うことで、反対側にも同じ高さの印を付けることができる。

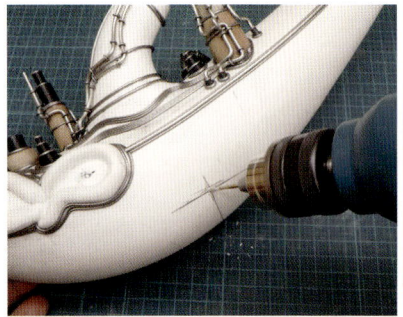
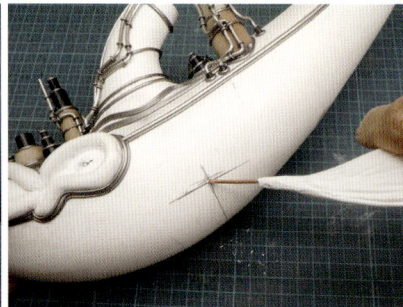

2 印を付けた部分にドリルで穴を開け、胸びれの銅線の部分を挿し込んで接着剤で固定する。

3 尾ひれも取り付け、ひれの角度をさまざまな角度から見て十二分にチェックする。ひれの微細な角度の違いによって全体の印象が大きく変わるので、ここでの検討は時間をかける。ゆったりと空を泳ぐクジラのフォルムが活きるベストな位置を模索したのち、根元を粘土で固定する。

6 小窓の取り付け

● マスキングテープをガイドに窓パーツを貼る

1 P43と同じ要領で、ビニールチューブと糸はんだのリングを組み合わせたパーツをつくる。これを船の小窓に見立ててクジラの胴体に取り付ける。

2 マスキングテープを用意し、窓を取り付けたい間隔に印を付ける。これをクジラの胴体に貼り付け、取り付け位置のガイドにする。

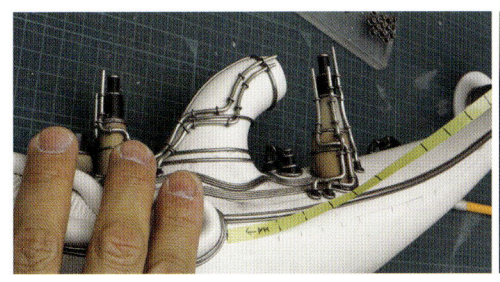

3 マスキングテープをガイドに鉛筆で取り付け位置の印を付けたら、テープを剥がして胴体の反対側に貼り付ける。

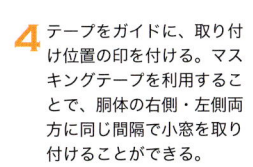

4 テープをガイドに、取り付け位置の印を付ける。マスキングテープを利用することで、胴体の右側・左側両方に同じ間隔で小窓を取り付けることができる。

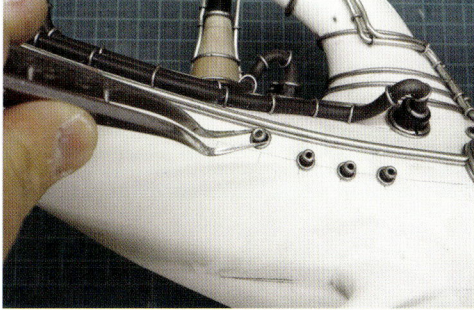

5 小窓を取り付けたところ。尾ひれに向かって、連続した窓の数を少しずつ減らすことでリズムを付けている。

細部のディテールの仕上げ

● ラッパ型排気管を取り付ける

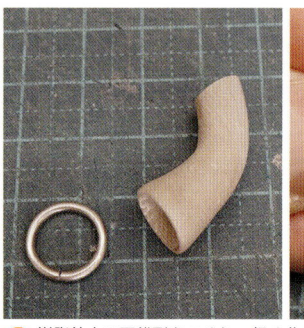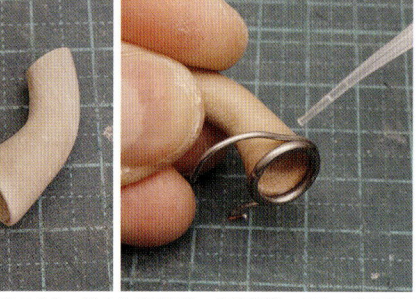

1 短い排気管にラッパ型の排気管を追加する。糸はんだのリング状パーツを接着剤で取り付けておく。

2 樹脂粘土で円錐形をつくり、軽く曲げて加熱。内側を削ってラッパ型排気管を作成する。開口部に糸はんだのリングを取り付ける。

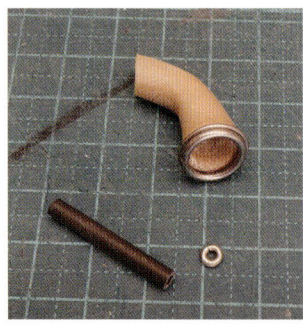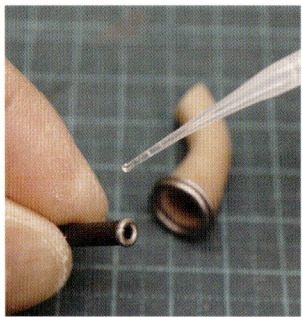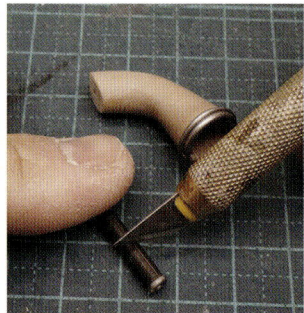

3 ラッパ型排気管の内側に、細い管状パーツを加える。ビニールチューブに糸はんだのリングを取り付ける。

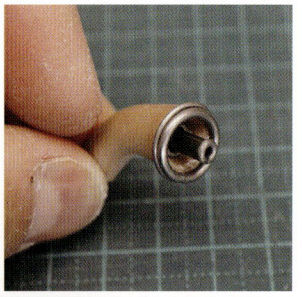

4 ラッパ型排気管の中に細い管状パーツを取り付け、本体の短い排気管部分に接着し固定する。

5 同様の手順で、ラッパ型の排気管を複数つくり配置する。中の細い管状パーツは、太さや長さを変えて表情を付けるとよい。

● ホース状の配管をつくる

 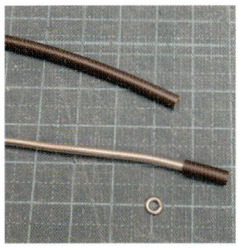 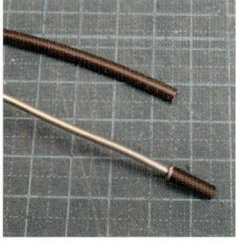  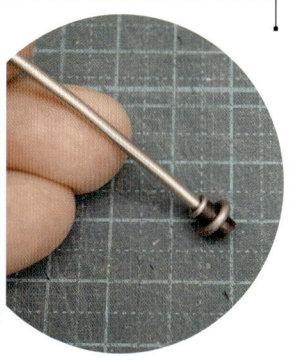

1 全体を見渡して立体感の不足が感じられたので、既存の配管を立体的にまたぐ追加の配管をつくる。P44と同様に、配管に見立てた糸はんだの末端部分にビニールチューブと糸はんだでディテールをつくる。

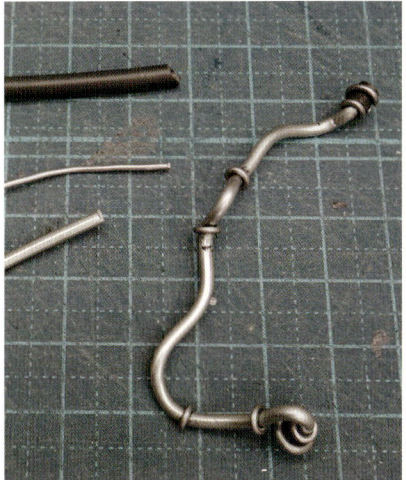 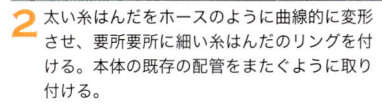  

2 太い糸はんだをホースのように曲線的に変形させ、要所要所に細い糸はんだのリングを付ける。本体の既存の配管をまたぐように取り付ける。

3 取り付け完了。ホース状の配管がいったん上がってから本体に収まり、立体感が出ている。

● ホルン状の配管をつくる

1 楽器のホルンを思わせる配管をプラスし、煙突の側面のメカニカル感を強調する。直径3mmの糸はんだを曲げて形をつくり、位置を決める。

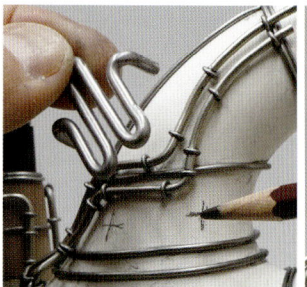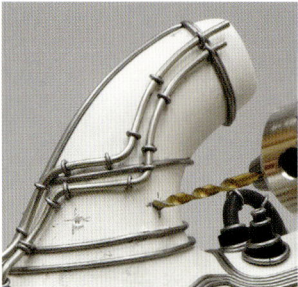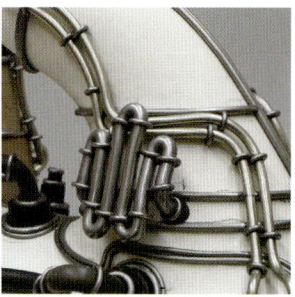

2 ホルン状の管の末端が来る位置に鉛筆で印を付け、ドリルで穴を開ける。管の末端にビニールチューブのディテールを加えた後固定する。

● ホース状の配管を追加

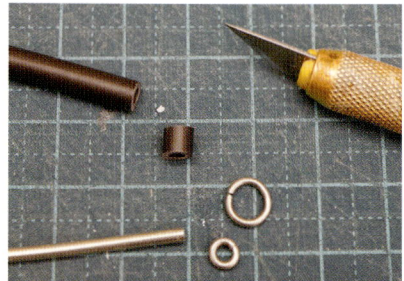

1 ホルン状の管を取り付けてみると、下の配管が貧弱に感じられたのでバランスを取るために配管を追加する。P49と同様の手順で曲線的な配管をつくる。

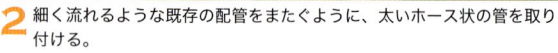

2 細く流れるような既存の配管をまたぐように、太いホース状の管を取り付ける。

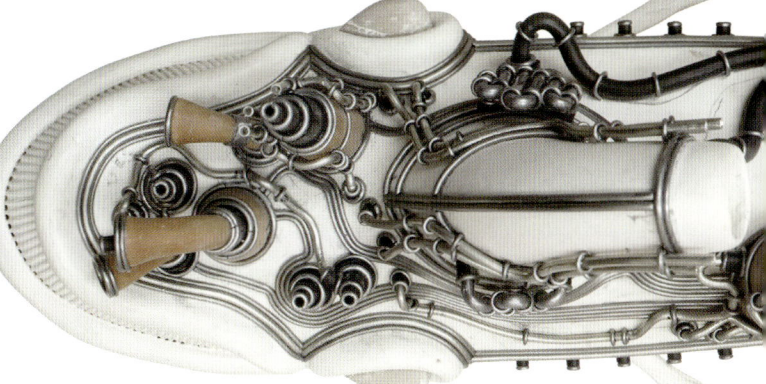

3 すべての配管が完了した状態。まったくの左右対称にすると整然としすぎるので、排気塔や配管をあえてアシンメトリーに配置。必ずしも規則的ではない形に仕上げることで、機械でありながらどこか成長途上の生き物のようなニュアンスを表現している。

● リベット風のディテールを加える

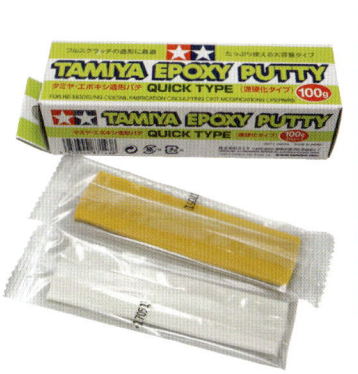

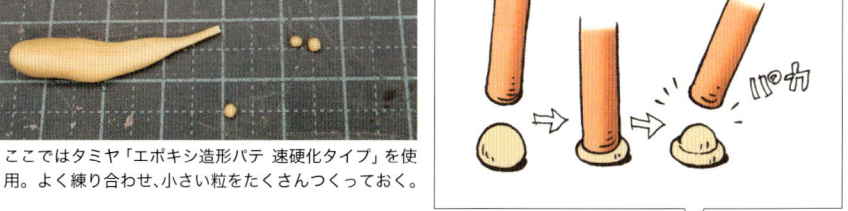

1 ここではタミヤ「エポキシ造形パテ 速硬化タイプ」を使用。よく練り合わせ、小さい粒をたくさんつくっておく。

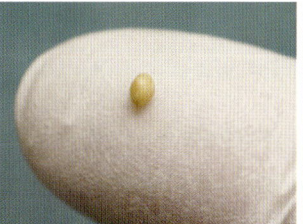

2 リベット風のディテールを加えたい部分に硬化前のパテの粒を置き、微量の瞬間接着剤で固定。上から真鍮パイプを押し付けると、リベット（丸い頭の接合部品）とワッシャー（リベットと本体の間にはさむ円盤）のディテールが一度にできる。

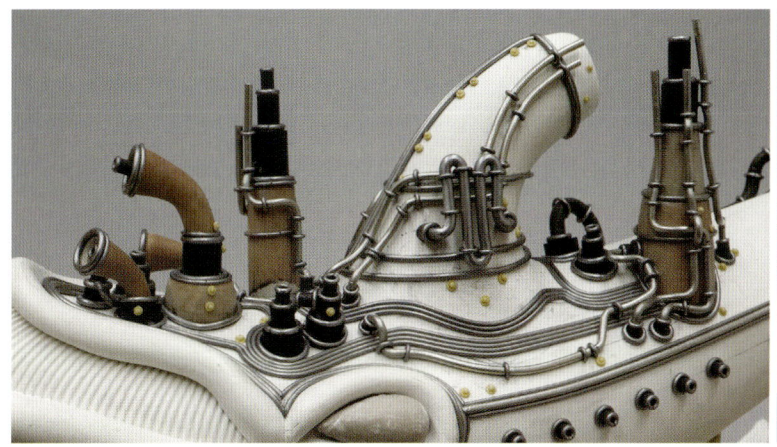

3 同様にしてリベット風のディテールを機械部分に加えていく。均等に付けていくのではなく、密な部分と空間をつくる部分のバランスを考えて付ける。

8 下地処理

● ホコリを払い、サーフェイサーを吹く

組み立てたものをそのまま塗装すると細かい傷が残ったままだったり、塗装剥がれが起きたりしやすいので、下地処理を行う。

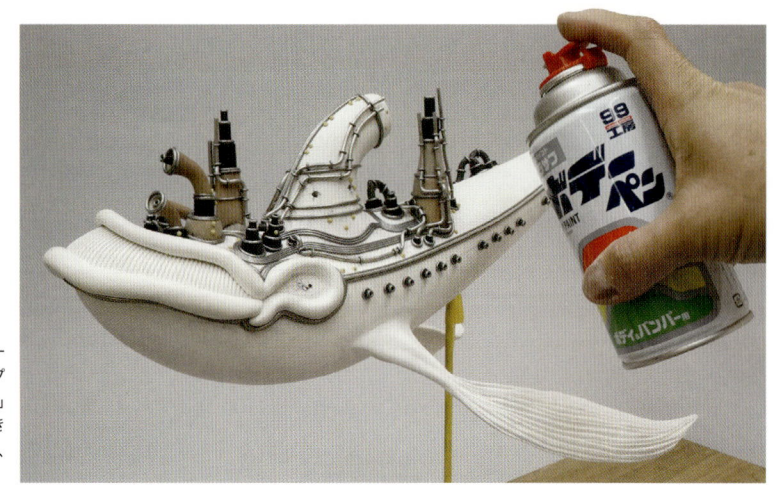

1 粘土の削りかすやホコリをハケなどでよくはらい、「サーフェイサー」と呼ばれるグレーの下地剤を全体にスプレーする。ここではソフト99「ボデーペン　プラサフ」を使用。このサーフェイサーには金属に塗料が食いつきやすくなるプライマーという成分が含まれているので、金属部品を使っている造形物と相性がよい。

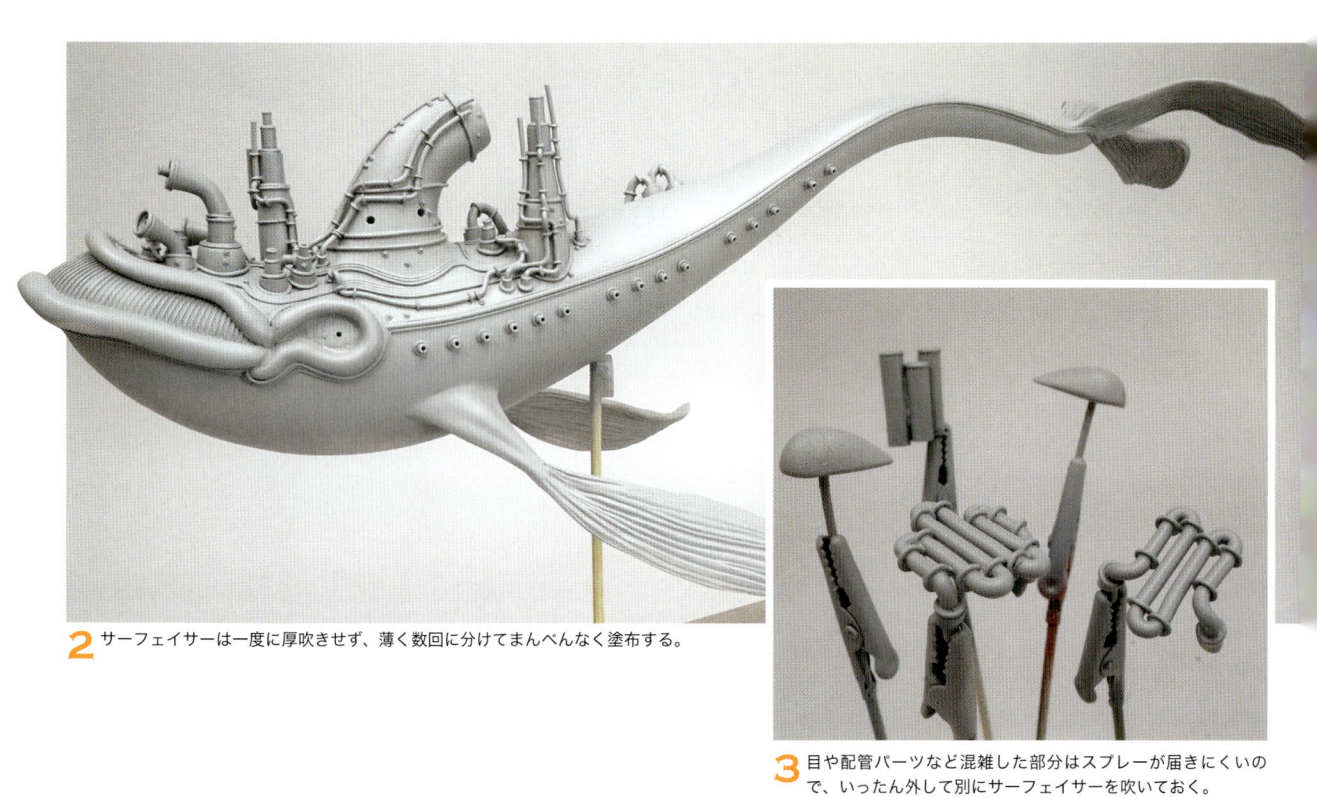

2 サーフェイサーは一度に厚吹きせず、薄く数回に分けてまんべんなく塗布する。

3 目や配管パーツなど混雑した部分はスプレーが届きにくいので、いったん外して別にサーフェイサーを吹いておく。

4 サーフェイサーを吹くと見逃していた傷やデコボコに気が付くことがあるので、布ヤスリなどで適宜修正する。ほかにも、粘土の削りかすが詰まっていないか、樹脂粘土でつくった部品に気泡の穴ができていたりしないかなど、隅々までチェック。

塗装前の原型完成

パーツを組み立て、すべての造形が完了した状態。サーフェイサーを吹き付けて均一な色にすると工作感が薄まり、「ひとつの造形物」として純粋な目で見られるようになる。この段階でしばらく眺め、不足した部分はないか、余計な部分はないか、バランスはイメージ通りか十分に確認を行う。

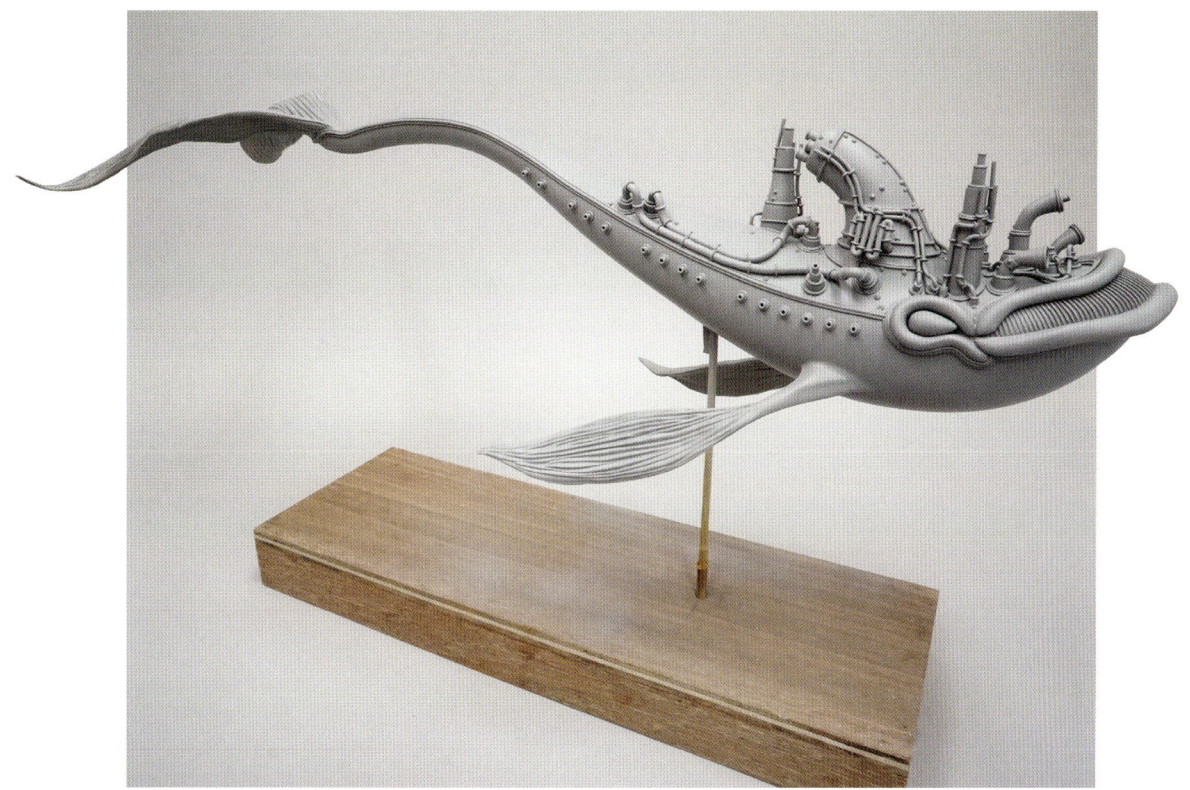

グレーの状態で眺めながら、着色した状態を頭の中でイメージする。見切り発車で塗装を進めるのではなく、頭の中のイメージが十分に固まるのを待ってから塗装作業に入る。

塗装から仕上げまで

1 台座の塗装

● 接着剤で質感を加え色を乗せる

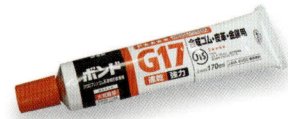

1 台座に木材用のサンディングシーラーを塗って乾燥させた後、粘性の高い接着剤をムラのある形で塗る。ここではコニシ「ボンドG17」を使用。

2 よく乾燥させた後、ラッカースプレーのつや消しブラックを吹き付ける。

3 アクリル絵の具（P55参照）を重ね塗りし、重厚なテクスチャを表現する。最後につや消しのクリアースプレーで全体をコートする。

2 本体のベース塗装

● 下地色を塗る

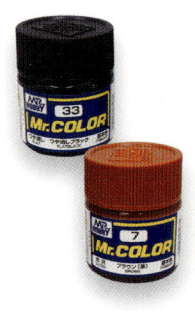

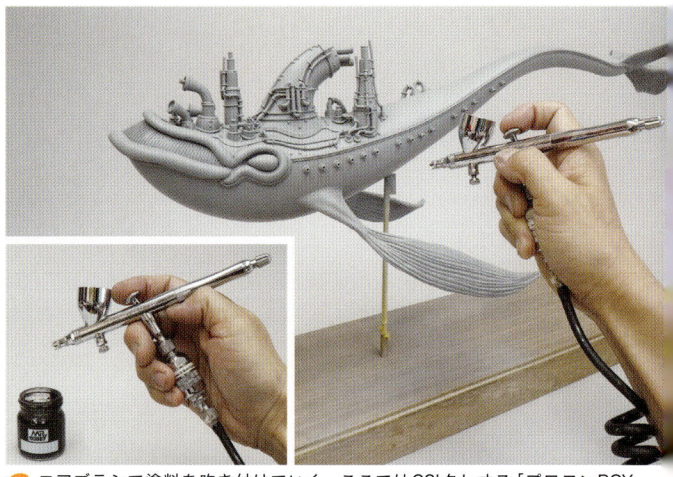

1 GSIクレオス「Mr.カラー」のつや消しブラックとブラウンで焦げ茶色をつくり、専用の薄め液で希釈する。

2 エアブラシで塗料を吹き付けていく。ここではGSIクレオス「プロコンBOY PS289 WA プラチナ 0.3mm」を使用。

3 塗装面との距離を10〜15cmに保ちつつ、薄くムラなく吹き付けていく。一度に厚く吹き付けず、薄く吹いて乾燥〜再度吹き付けを繰り返す。

4 次につや消しホワイトを、メカ以外の部分に、ややムラのある形で吹き付けていく。

● メカニカル部分をアクリル絵の具で塗る

アクリル絵の具について
本書では、主に絵画用途に使われるアクリル絵の具を塗装に使用する。水で溶いて使えるので扱いやすく、臭いが少なく安全性が高いなどの利点がある。
反面、模型用塗料に比べると固着力が弱いため、下地塗りには不向き。ここでは下地塗りに「Mr.カラー」などの模型用ラッカー塗料を使い、その上にアクリル絵の具で色を加えていく。

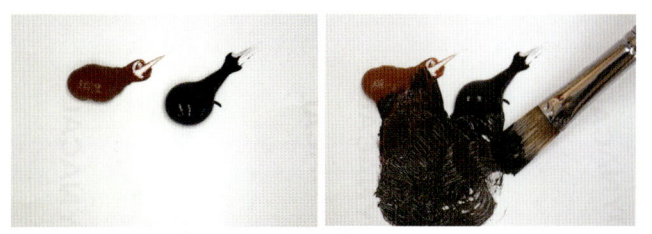

1 リキテックス「レギュラータイプ」を用意。混色して濃い焦げ茶をつくる。筆は豚毛の固いものを使う。

2 少量の絵の具をこすり付ける感覚で塗り進める。すると奥まった部分だけ下地の黒が残り、立体感が出る。

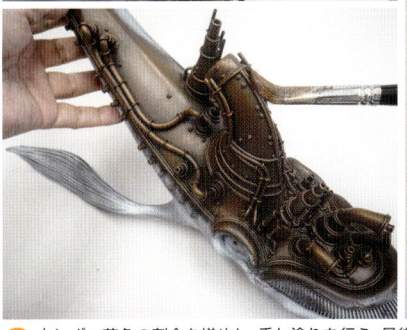

3 少しずつ茶色の割合を増やし、重ね塗りを行う。最後にゴールドを混ぜ、金属の質感を加える。

1 クジラの腹部やひれなど生物らしいフォルムの部分を、白をベースにした混色で塗っていく。やや塗りムラがあるほうがよい。

2 メカニカル部分と生物部分の境界を細筆で塗っていく。

3 腹部も、わざとムラができるように塗り進める。

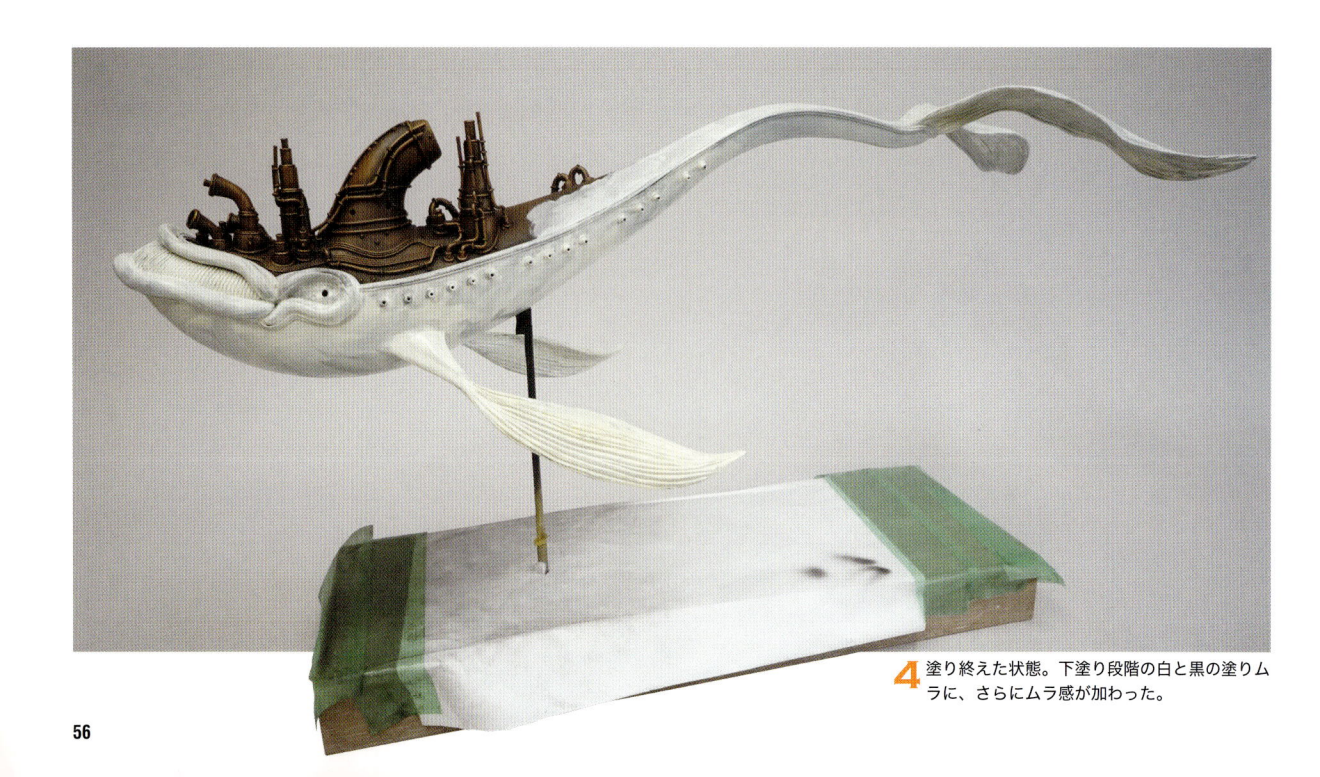

4 塗り終えた状態。下塗り段階の白と黒の塗りムラに、さらにムラ感が加わった。

● ランダムに色味を加える

1 黄、緑、紫などの絵の具を溶いて混色し、ランダムに塗る。ここでは筆跡ができてもよい。

2 塗った部分のアップ。尾ひれや胸びれも同様に、モザイク状に塗っていく。

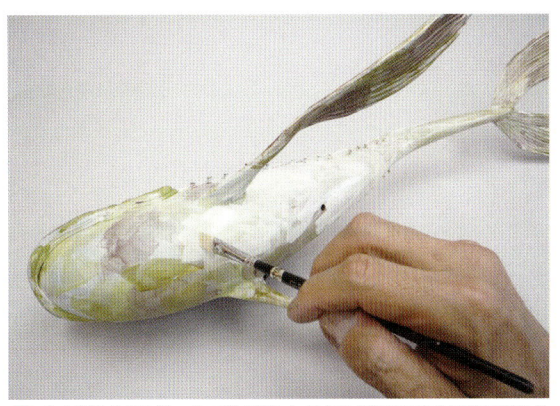

3 よく乾燥させた後、水で薄く溶いたアクリル絵の具の白で若干透けるように全体を塗っていく。

4 塗り終えたところ。あえてランダムに色を加えた上に白を塗ることで、ただの真っ白よりも奥行きのある色味になった。

5 クリアー塗料を吹き付け、塗装面をコートする。ここではGSIクレオス「Mr.スーパークリアーつや消し」を使用。

② ウォッシング（汚して拭き取る塗装）

● アクリル絵の具を塗って拭き取る

1 ここでは、わざと汚しを加える塗装「ウェザリング」の中でも、「ウォッシング」と呼ばれる手法を使う。ターナー「アクリルガッシュ」を多めの水で薄め、クジラの白い部分に塗り付ける。

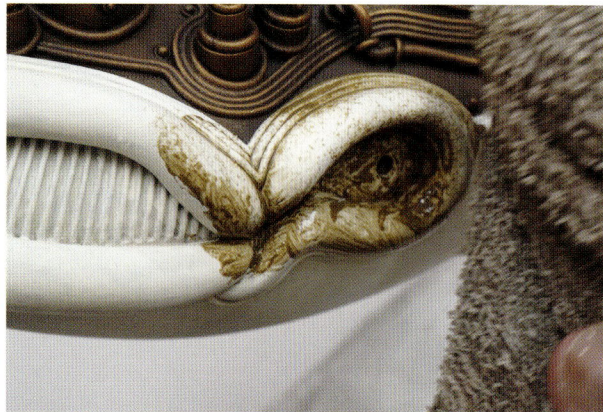

2 使い古しのタオルでポンポンと叩きながら絵の具を拭き取っていく。溝部分に絵の具が残り、表面にも古びた質感が生まれる。

3 同様にしてクジラの唇やヒゲ部分、ボディにも汚しを加えていく。

● 色味を変えてさらに汚しを加える

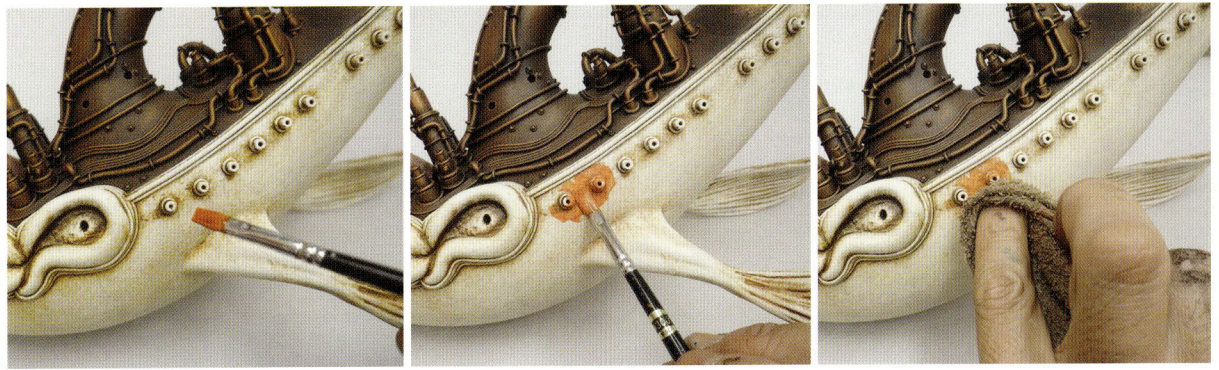

1 ボディ側面の窓部分にやや赤みの強い茶色を塗り、タオルで叩いて余分を拭き取る。

2 追加の汚しを加える前と後の比較。古びて赤錆ができたかのような色味が加わっている。

3 同様にして、ひれやボディの溝部分にも汚しを加えていく。

4 ウォッシングを終えた状態。赤みが加わることで、生き物らしい温かみが感じられるようになった。

③ チッピング（塗装剥がれの表現）

● スポンジで色を乗せる

塗装が剥がれたような表現を加えることを「チッピング」と呼ぶ。ここでは実際に塗装を剥がすのではなく、塗料を乗せて表現する方法を紹介。

1 市販のスポンジを小さくちぎってピンセットでつまみ、溶いたアクリル絵の具を付ける。

2 スポンジを置いて濃い色を乗せると、白い塗料が剥がれて下地が見えているかのような表現ができる。

3 同様にして、唇や腹部にも剥がれた表現をプラスする。

④ 仕上げ塗装、組み立て

● エアブラシで経年表現を加える

1 ボディ側面の窓パーツの下に、雨垂れで錆が強く出たような表現を加える。アクリル絵の具を水で希釈し、エアブラシで吹き付ける。

● メカニカル部分に金属の光沢を加える

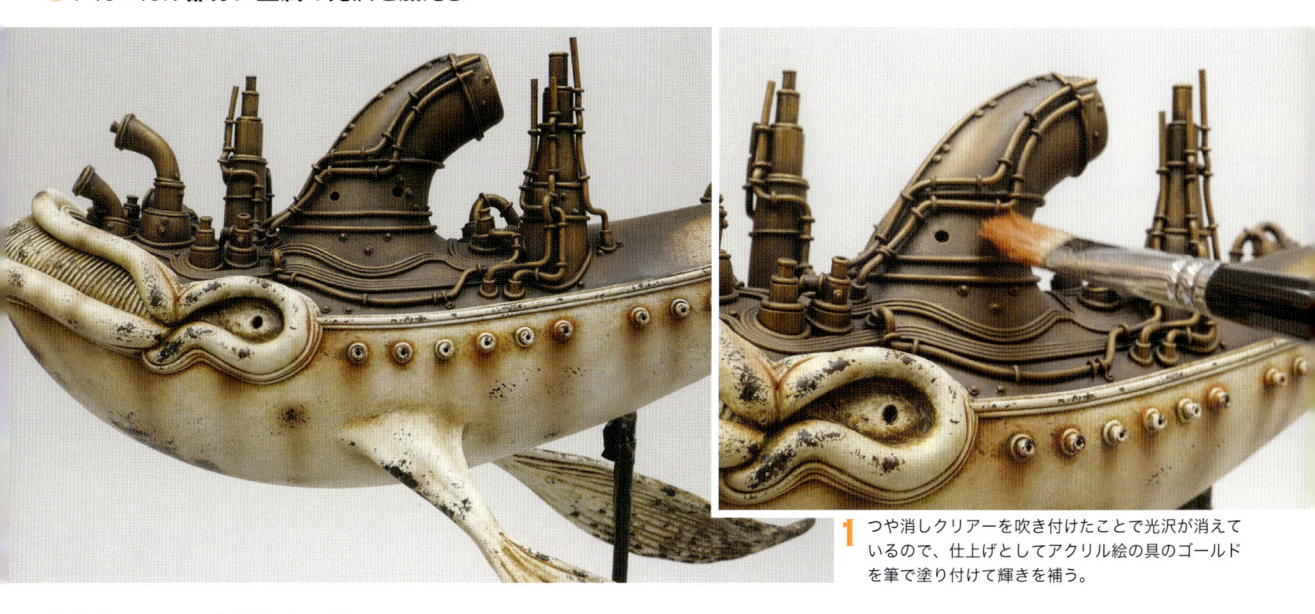

1 つや消しクリアーを吹き付けたことで光沢が消えているので、仕上げとしてアクリル絵の具のゴールドを筆で塗り付けて輝きを補う。

● 細かいパーツを組み立てる

1 煙突の内側に細い排気筒パーツを挿し込んで固定。ホルン状のパーツも取り付ける。

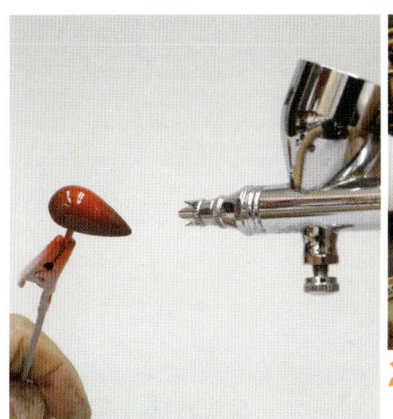

2 目のパーツをアクリル絵の具の赤で塗る。エアブラシで少し暗めの赤を重ねてグラデーションをつくり、表面を光沢仕上げ（詳細はP112）にして本体に取り付ける。

［鯨型汚染大気浄化船］

W630×D300×H180mm　2018 年

武骨な機械の質感と、悠々と泳ぐクジラの曲線的なフォルムが融合した作品の完成。

朽ちた質感によって"時の経過"を表現し、見る人のイマジネーションが喚起されるようにつくり上げた。この心優しいクジラは、一体どれほどの長い間、旅を続けてきたのだろうか。

大小さまざまな排気塔と配管がひしめくメカ部分。左右非対称に塔を配置し曲線的に管を這わせることで、機械でありながらどこか成長する生き物のようなニュアンスを加えている。

大型の艦船などに現れる錆汚れ。これを加えることで、クジラがとても大きいものであるというスケール感を表現している。

クジラ型の空想生物バリエーション

［鯨型汚染大気浄化船］Ver.2

W600 × D550 × H360mm　2016 年

本章で制作したものとは少し異なる、よりぷっくりとしたボディのクジラ。メカニカル部分の形状も微妙に変え、生物としての個体差が感じられるようにした。

汚れた大気をきれいにする心優しいクジラは、世界にたくさんいるのかもしれない。それぞれに独自の成長を遂げ、長い旅を続けているのかもしれない。

2章

粘土による小型作品の制作——躍動感のある作品づくりのエッセンス

ウサギ型の空想生物をつくる

▶イメージスケッチ
ロケットエンジン付きの宇宙服を着て、月を目指す宇宙飛行士のイメージ。足の裏が見えるポーズなので、足裏にディテールを加える。

原型の制作

1 ボディの造形

● 芯材を3枚重ねて形をつくる

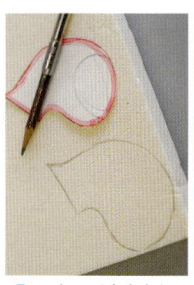 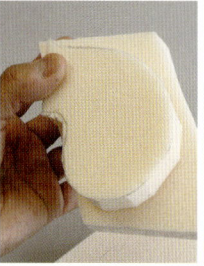 

1 スケッチをもとに、ひとまわり（内側に3mm程度）小さい型紙をつくってカネライトフォームに写す。20mmの厚さのフォームを3枚重ねてスプレーのりで仮留めし、厚みのあるボディを切り出す。

 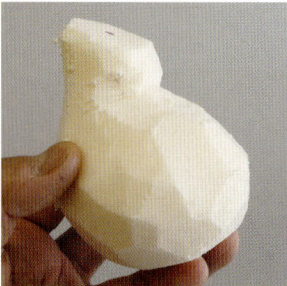  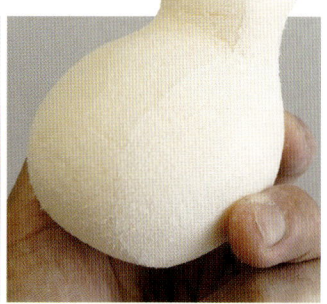

2 角張った形をカッターで削り、120番の布ヤスリで整えて丸みを帯びた形をつくる。

● 粘土で包んで整える

 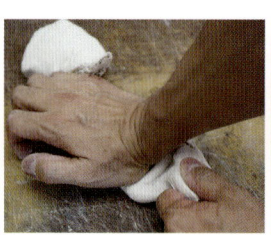 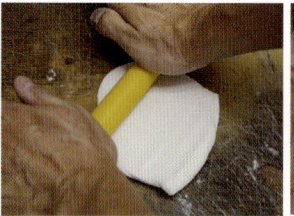 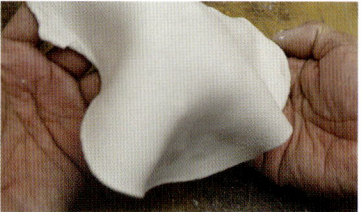

1 ここで使用する石粉粘土は、1章と同じ「ニューファンド」。よく練って柔らかくし、薄く伸ばして芯材をくるむ。

頭を付ける部分 ─

  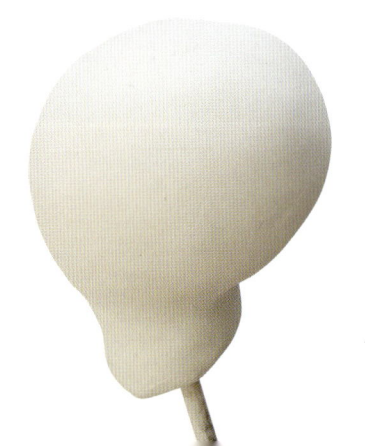

2 手で粘土をよく伸ばし、芯材の丸みに隙間なく沿わせる。後で頭部を付ける部分は粘土でふたをせずに開けておく。乾燥後に再び布ヤスリで整える。

2 頭部の造形

● 芯材をアルミホイルでつくり、粘土をかぶせる

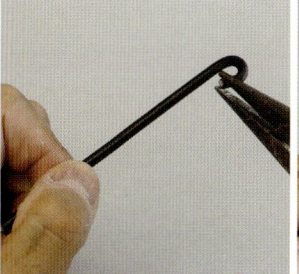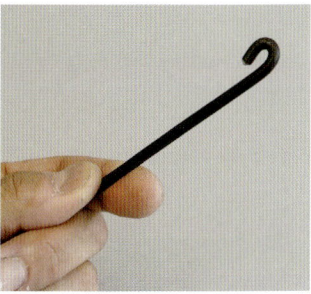

1 P34と同じ樹脂粘土「Mr.スカルプトクレイ」を使用。持ち手となるアルミ棒の先を折り曲げておく。

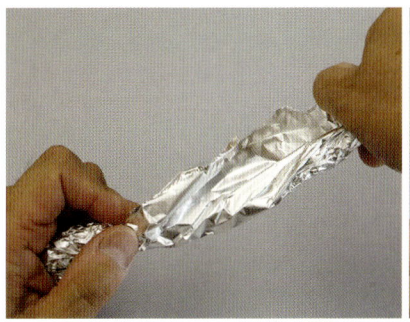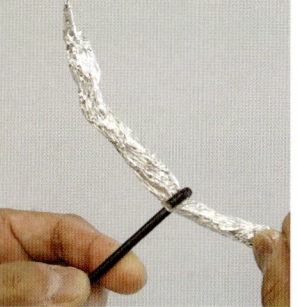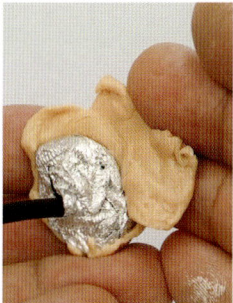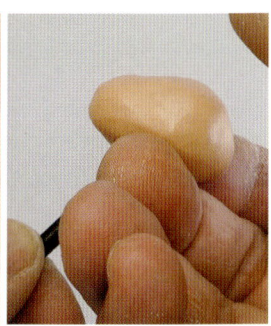

2 カネライトフォームはオーブントースターで加熱できないので、樹脂粘土を使う場合の芯材はアルミホイルを使う。アルミホイルを細長く丸めてアルミ棒の先に巻き付け、丸く固めた上に樹脂粘土をかぶせる。

● オーブントースターで加熱→造形を繰り返す

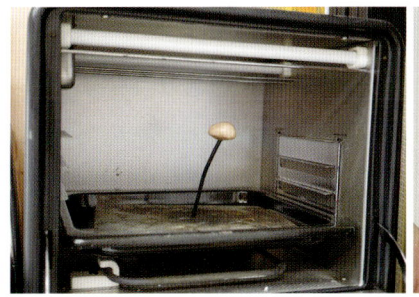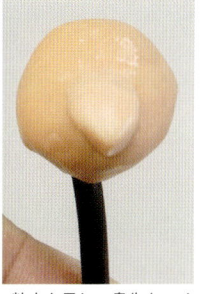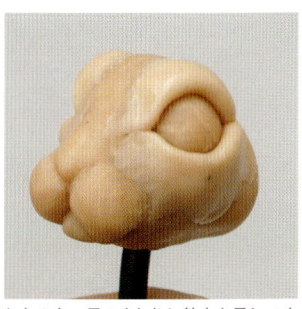

1 丸い後頭部をつくってオーブントースターで加熱。粘土を足して鼻先をつくり、再び加熱。

2 目の部分に丸く粘土を盛って加熱したのち、目のまわりに粘土を足してまぶたをつくる。

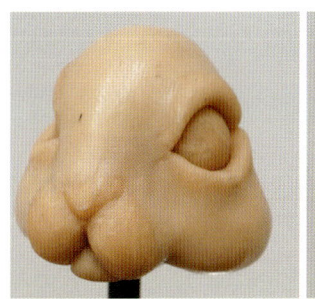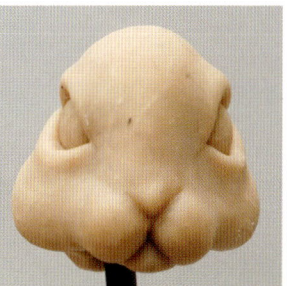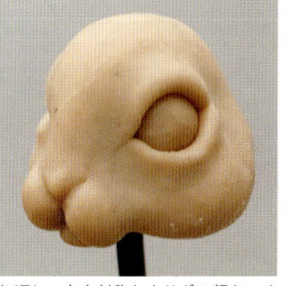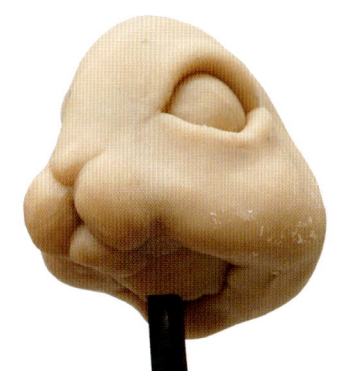

3 頭頂部に粘土を盛ってボリュームを加え、加熱。さらに盛り付け・造形を繰り返し、左右対称なウサギの顔をつくり上げていく。ウサギの柔らかい顔立ちを表現したい場合、硬化後の「削り」よりも、硬化前の「盛り」で形をつくるイメージで作業したほうがよい結果が得られる。

● 同じ長さの粘土で耳をつくる

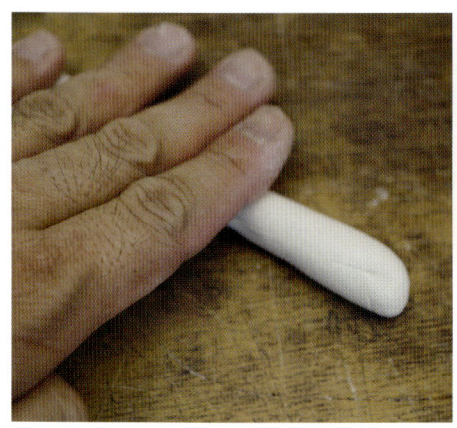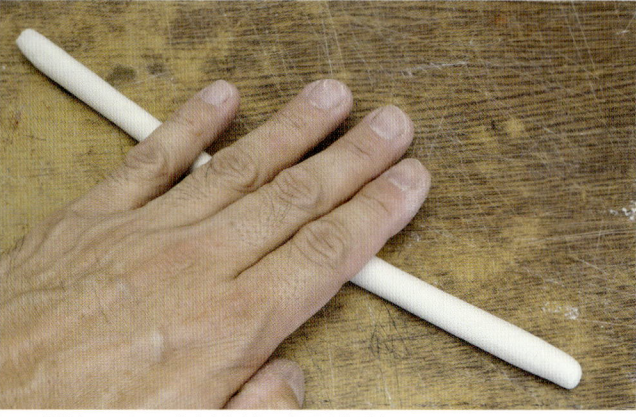

1 耳は薄く壊れやすいパーツなので、樹脂粘土より強度がある石粉粘土でつくる。粘土を転がして細長く伸ばす。

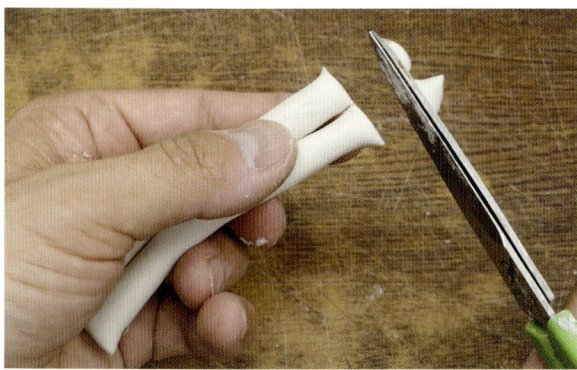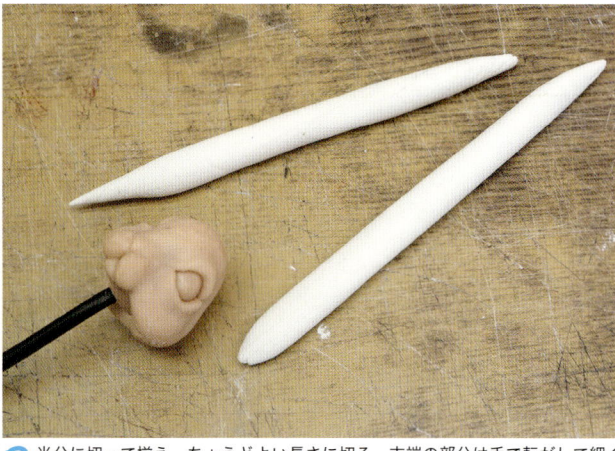

2 半分に切って揃え、ちょうどよい長さに切る。末端の部分は手で転がして細くしておく。

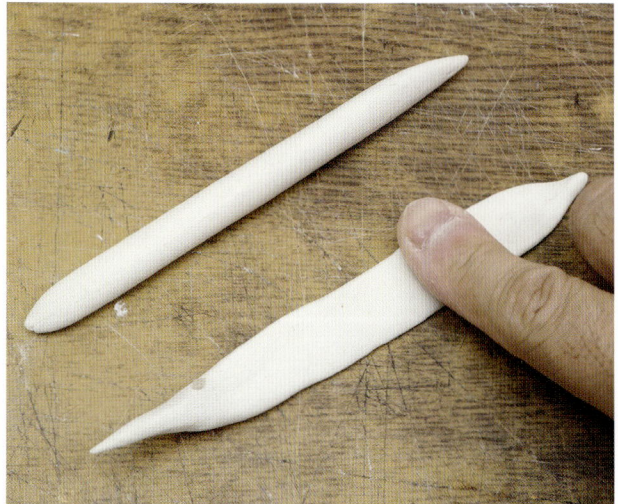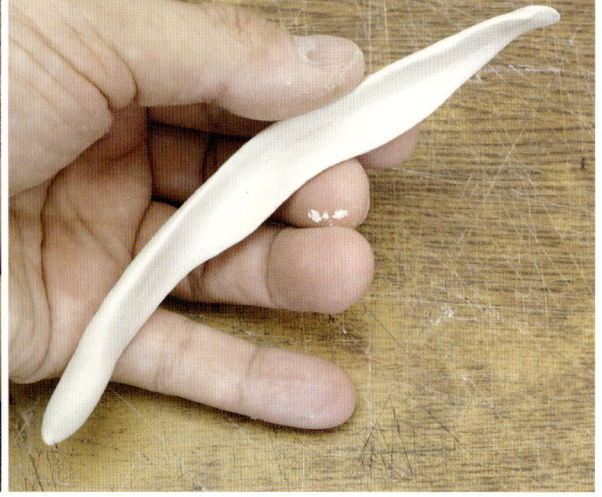

3 指で押しつぶすようにして耳の形をつくる。ややランダムな力加減で、まったくの左右対称にはならないようにすると生物らしい味わいが出る。

4 えりまわりの造形

● ボディの内側を掘ってえりをつくる

ウサギの顔が少し隠れるくらいの大きなえりにし、おくるみのようなかわいらしさを出す。えりの形はボディの内側を削ってつくる。

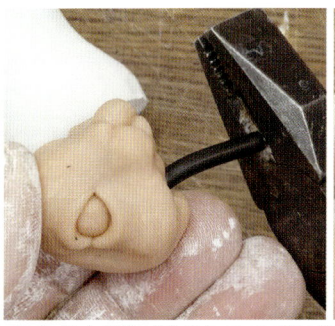
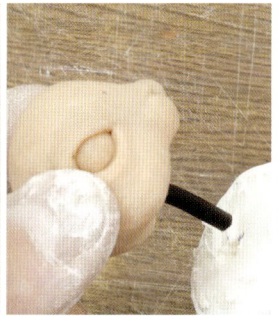

1 完成した頭部の持ち手をペンチで短く切り、ボディに挿し込んで取り付ける（カネライトフォームの露出部分はドリルを使わなくても穴が開く）。

2 頭部を外し、ボディの内側のカネライトフォームを少し削る。再び頭部を挿し込んでえりまわりの具合を確かめ、削っては確かめることを繰り返す。

3 ウサギの顔が完全に隠れてしまわないくらいの程よい深さに削れたら、えりまわりを整える作業に入る。えりの前部分にV字の切れ込みを入れ、えりの内側に薄く伸ばした粘土を貼り付けて完全乾燥。布ヤスリで磨いて仕上げる。

4 頭部をボディに付ける前に、耳の取り付けを済ませておく。耳パーツにドリルで穴を開けて銅線を挿し込む。

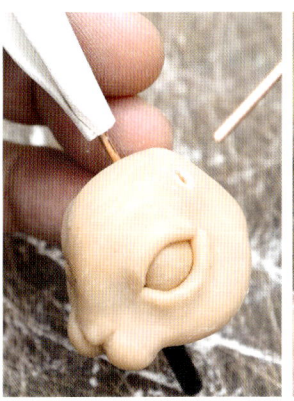

5 頭部にドリルで穴を開けて耳パーツを挿し込み、根元に粘土を盛り付けて形を整える。

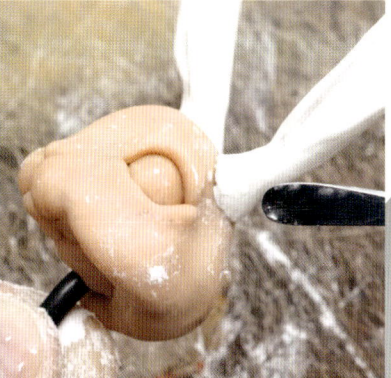

6 頭部をボディに取り付けて、えりまわりの仮組み完了。ウサギの顔が隠れすぎていないか、丸いえりの形状にゆがみはないかよく確認しておく。

5 足まわりの造形

● 石粉粘土で丸い太ももをつくる

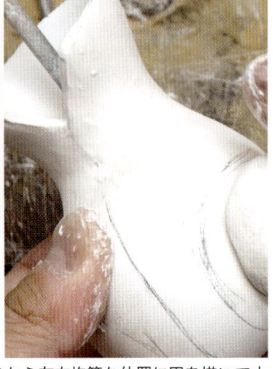

1 ボディの中心に鉛筆で縦線を引き、そこから左右均等な位置に円を描いて太ももの付け根とする。円をめやすに粘土を盛って完全乾燥させる。

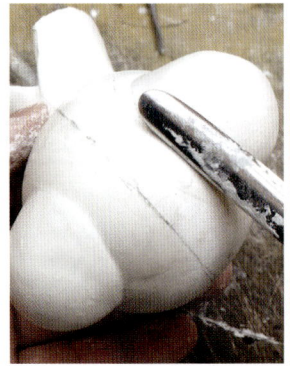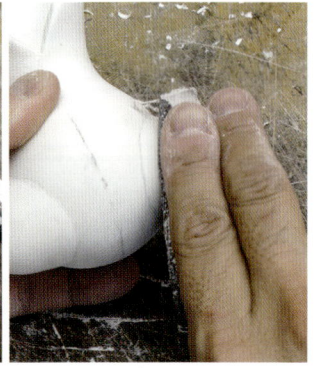

2 棒ヤスリや80番の布ヤスリで削って太ももの形を整える。

● 銅線を芯に足先をつくる

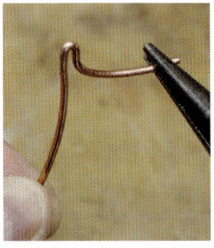

1 銅線を折り曲げて足の芯材をつくり、瞬間接着剤を塗布し、樹脂粘土を盛り付けていく。かかとがもろくならないよう、かかとにも芯が通るように銅線を曲げるのがポイント。

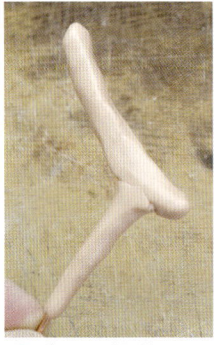

2 ざっくり盛り付けたところでオーブントースターにて加熱し、硬化させる。サイズ感や取り付け位置を確認する。

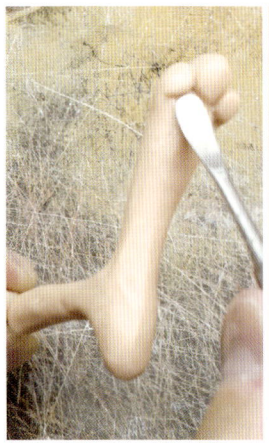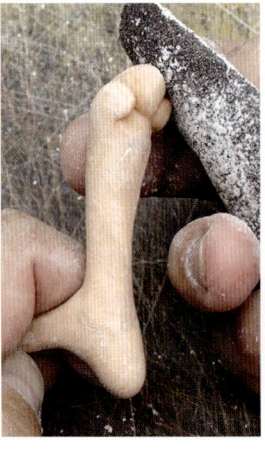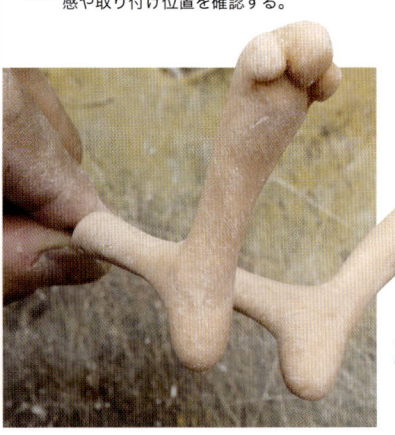

3 樹脂粘土をさらに盛り付けて足の指をつくる。実際のウサギの後ろ足は指が4本だが、ここではデフォルメ調の指を3本つくる。

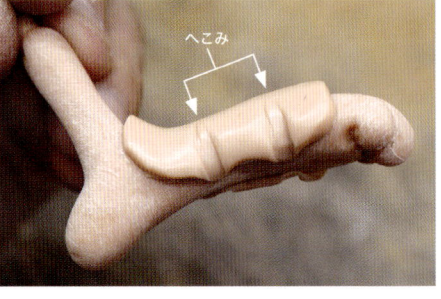

へこみ

4 今回のポーズでは足裏が見えるが、はだしのままでは少し退屈な印象。薄く伸ばした樹脂粘土を足に巻き付け、足を覆うカバーのようなディテールをつくる。あとで足にベルトを巻くので、へこみを付けてから加熱し硬化させる。

6 関節部と推進装置の造形

● 宇宙服らしいディテールを加える

今回は宇宙へ飛び立つウサギなので、ボディに宇宙服のようなディテールを加える。足を出す部分をつくり、お尻には推進装置のでっぱりを付ける（並行して、手を出す部分のディテールも作成する）。

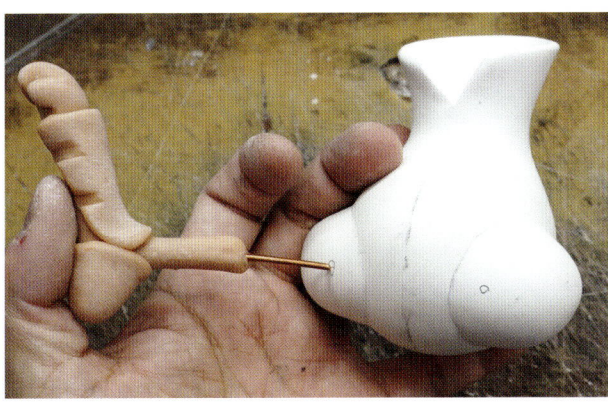
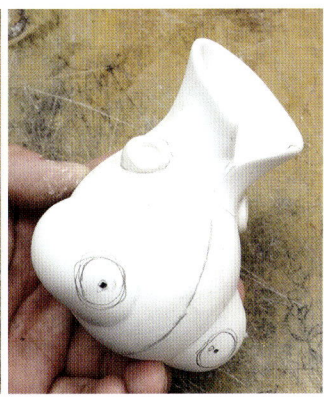

1 足の取り付け位置を決め、鉛筆で印を付ける。印を囲むように円を描く。

2 丸めた粘土を円に合わせて貼り付け、鉛筆キャップで押して丸いへこみをつくる（鉛筆キャップに限らず先の丸い棒なら何を使ってもOK）。乾燥後にドリルで接続用の穴を開ける。

3 お尻部分に丸い粘土を貼り付け、少し潰して推進装置のでっぱりをつくる。乾燥後にドリルで穴を開ける。

プラパイプ　　真鍮棒

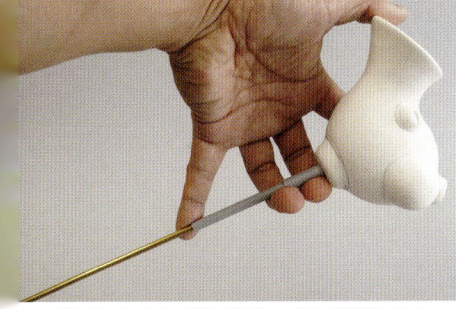

4 プラパイプに真鍮棒を通し、瞬間接着剤で固定する。これが後に展示用の支柱となる。

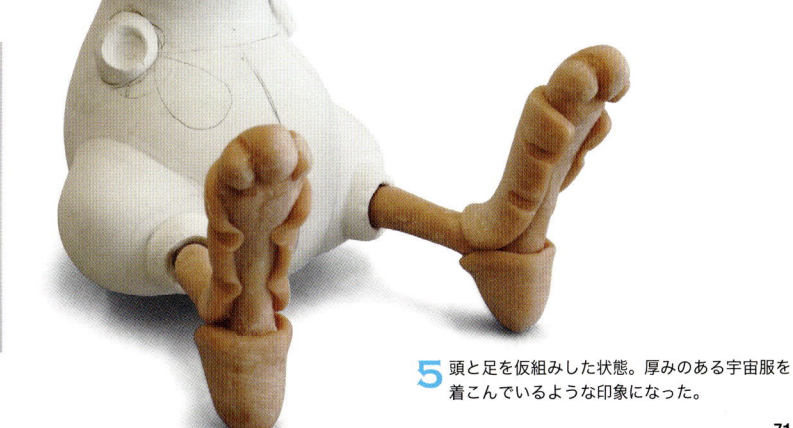

5 頭と足を仮組みした状態。厚みのある宇宙服を着こんでいるような印象になった。

台座の制作〜ディテールアップ

1 台座の制作

● 大小の粘土を組み合わせて煙を表現する

1 木の端材にドリルで穴を開け、真鍮パイプを挿しておく。伸ばした石粉粘土を貼り付けた上に、大小さまざまな大きさの樹脂粘土（トースターで焼いたもの）を積みかさねていく。

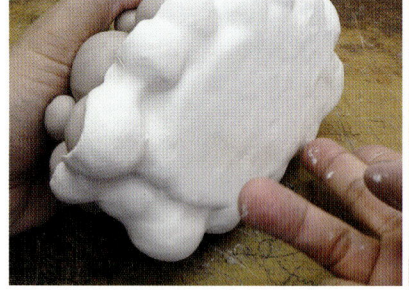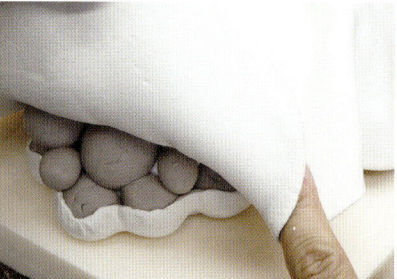

2 裏側に薄く伸ばした石粉粘土を貼り付け、上にも薄く伸ばした石粉粘土をかぶせ乾燥させる。もこもことした煙のような形が表現できる。

2 ボディ背面のパーツとディテール追加

● エンジンパーツをつくる

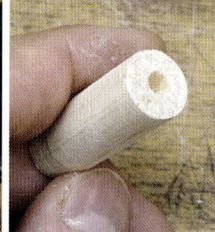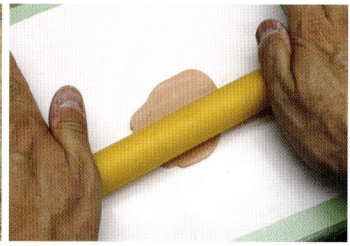

1 バイクなどに見られる、冷却フィンをイメージしたエンジンパーツを制作する。木の棒をカットし、ドリルで中央に穴を開ける。樹脂粘土を平たくする。

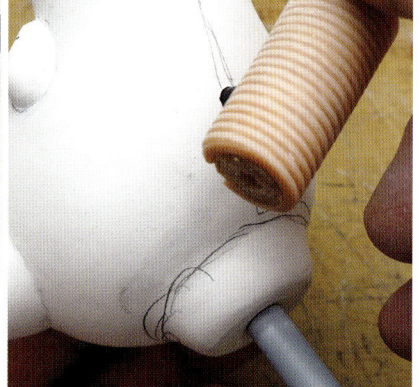

2 粘土にコーム（くし）で縞模様を付ける。手前から奥へ押し付けるようにくしを動かすのがポイント。棒の長さに合わせてカットし、棒に巻き付けてオーブンで加熱。

◉ エンジンパーツをチューブと糸はんだでディテールアップする

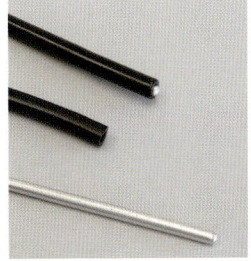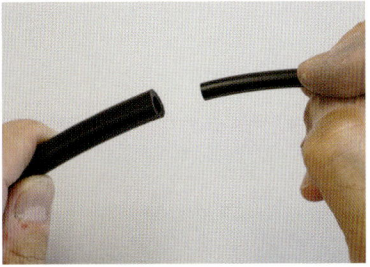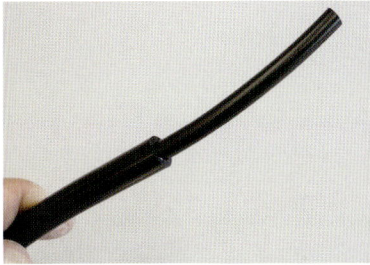

1 カラーワイヤー「自遊自在」の中のアルミ線を抜いてビニールチューブだけにする。太いチューブに細いチューブを挿し込んで短くカットし、エンジンパーツの上下の部分をつくる。

カラーワイヤー

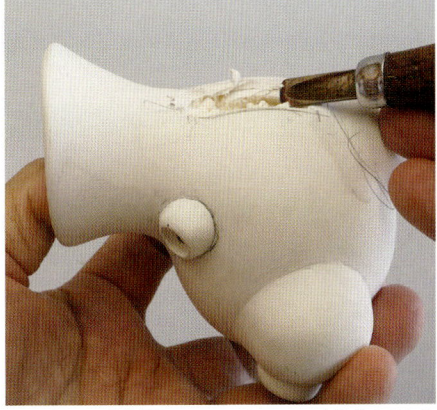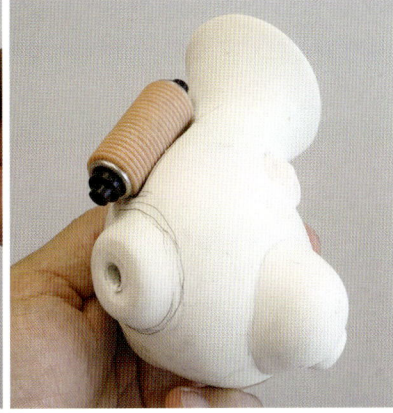

2 チューブを上下に取り付け、さらにチューブを糸はんだのリングで囲ってディテールアップ。ドリルで穴を開け、接続用のカラーワイヤーを挿し込んでおく。

3 ボディの背中部分に、エンジンパーツを装着するためのへこみをつくる。鉛筆でアタリを描き込み、彫刻刀で掘る（エンジンパーツで隠れるので、下の芯材が露出しても構わない）。仮組みし、へこみの大きさが適正かどうか確認する。

◉ 糸はんだと鉛板で宇宙服の装飾を加える

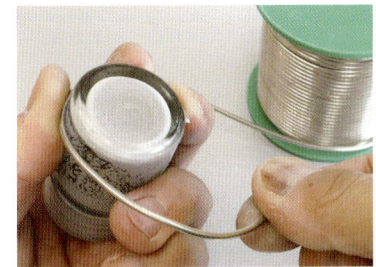

1 塗料のビンなどに糸はんだを2重に巻き、リングをつくる。お尻の出っ張り部分に瞬間接着剤で固定する。

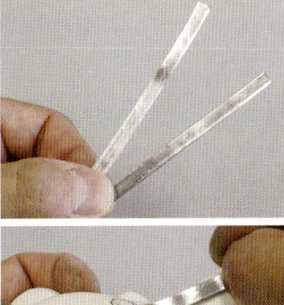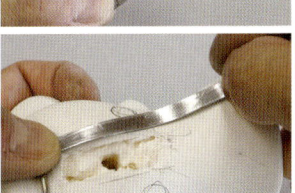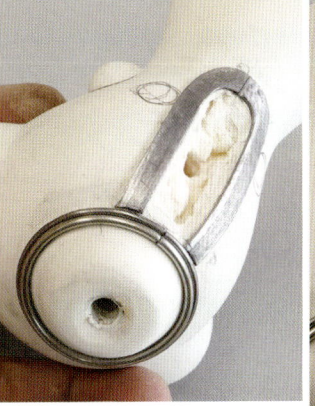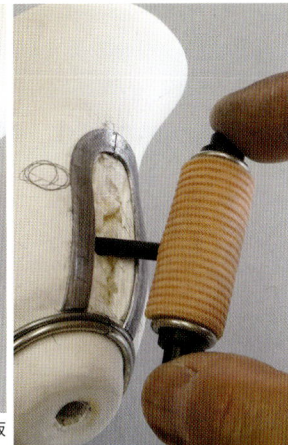

2 鉛板を細く切り、エンジンパーツの取り付け個所を囲むように貼り付ける。ボディの形にうまく沿わない場合は、鉛板を金づちなどで叩いて変形させて合わせる。作業が終わったら、エンジンパーツがきちんと合うか仮組みを行う。

● ディテールの過不足をチェック

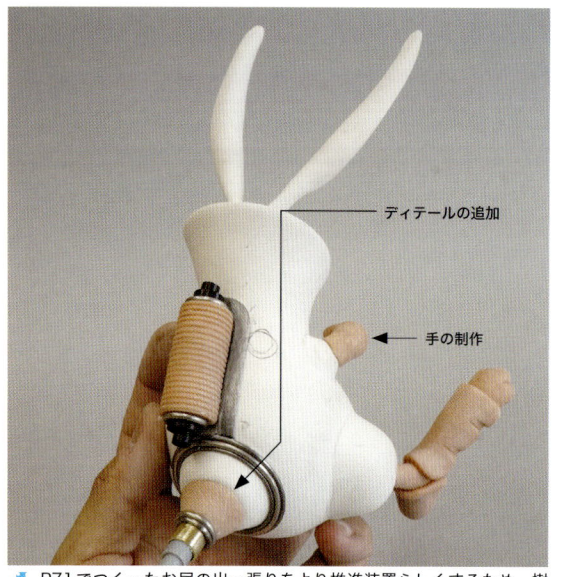

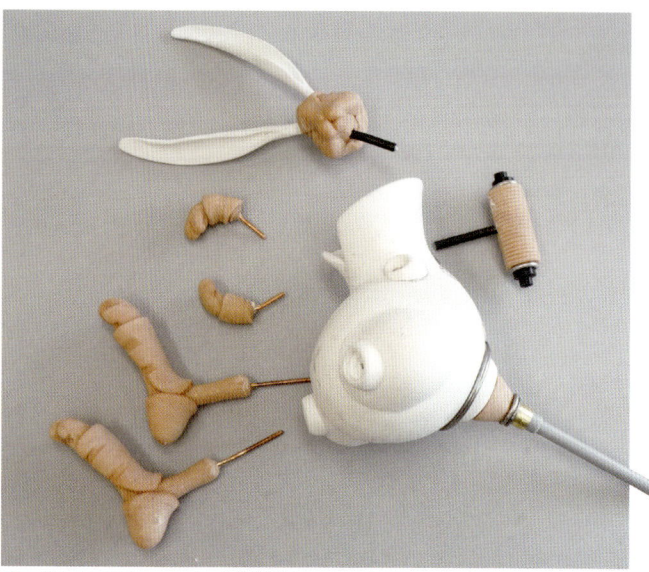

1 P71でつくったお尻の出っ張りをより推進装置らしくするため、樹脂粘土で円錐形のディテールを追加する。宇宙服から出た手のパーツも樹脂粘土で制作する。

2 ボディに手足、エンジンや推進装置といった主要パーツが揃った状態。ここで全体のバランスを見て、塗装後の出来上がりをイメージする。宇宙服がシンプルすぎるように思われたため、さらにディテールを追加していくことにする。

● 宇宙服のディテール追加

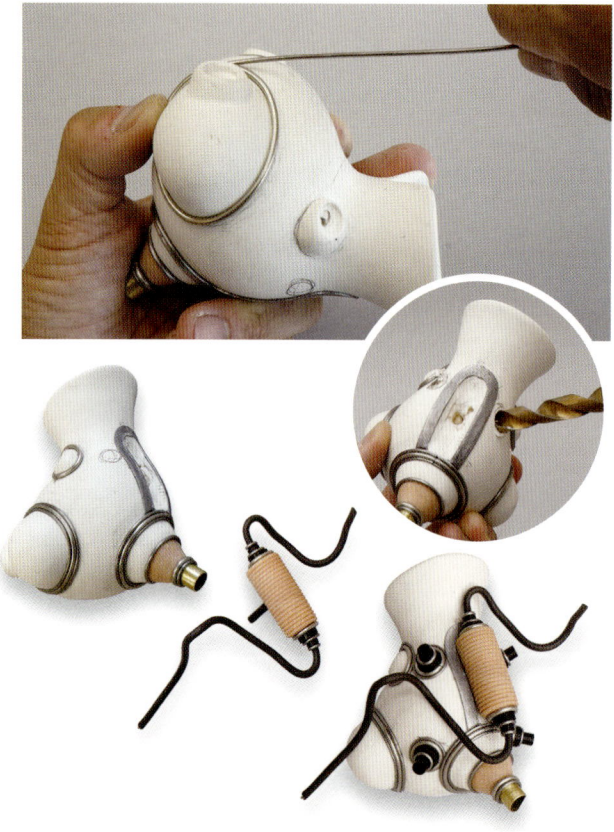

1 糸はんだと鉛板で、宇宙服にディテールをプラス。さらにドリルで穴を開け、排気口パーツを取り付ける。エンジンから太めのチューブを伸ばし、排気口パーツとつなぐ。

● **細長い排気筒を取り付ける**

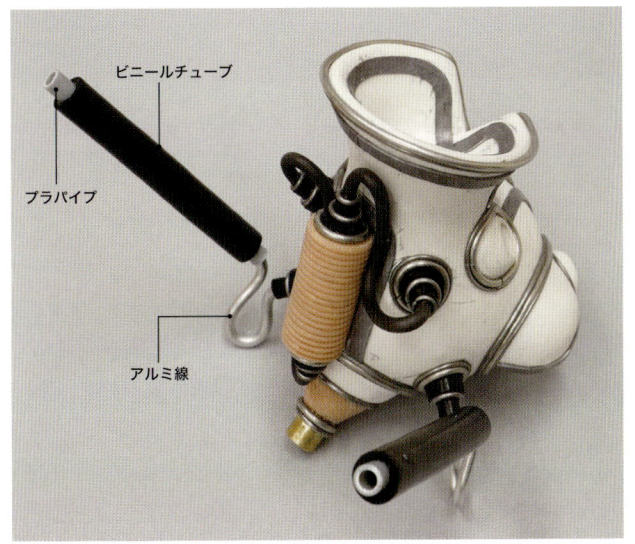

ビニールチューブ

プラパイプ

アルミ線

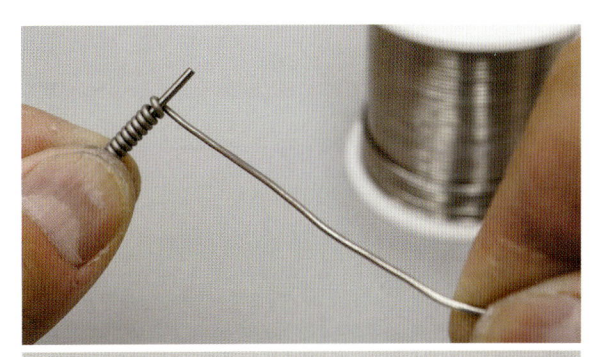

1 さらにアクセントを加えるため、ボディの後ろに排気筒を2本取り付けることにする。細長く切ったビニールチューブにプラパイプを通し、アルミ線で本体と接続する。

2 細い金属棒に糸はんだを巻き付け、両端を丸く閉じてコイル状のパーツをつくる。

取り付け

3 宇宙服の前部分、排気筒の接続部分にコイル状のパーツを取り付ける。

4 台座に乗せ、四方から見て完成時の見栄えを確認する。細長い排気筒を取り付けることでボディの後方にアクセントが加わり、存在感のある造形になった。さらに細密な機械らしさを加えるため、排気筒の先に排気口を付けることにする。

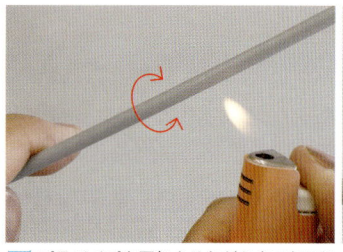 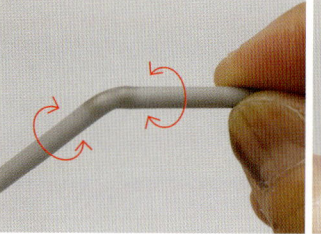 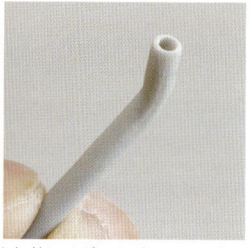

5 プラパイプを回転させながら火であぶり、柔らかくなったところで曲げる。1ヵ所を加熱しすぎるとグニャリと変形してしまうので、プラパイプを回しながら火であぶるのがコツ。

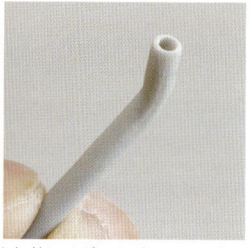

6 ひとまわり太いプラパイプに挿し込み、さらに排気筒に挿し込んで瞬間接着剤で固定する。糸はんだを重ね付けして機械らしさをプラスし、排気口の完成。

4 原型完成前の仕上げ

● リベットのディテールを加える

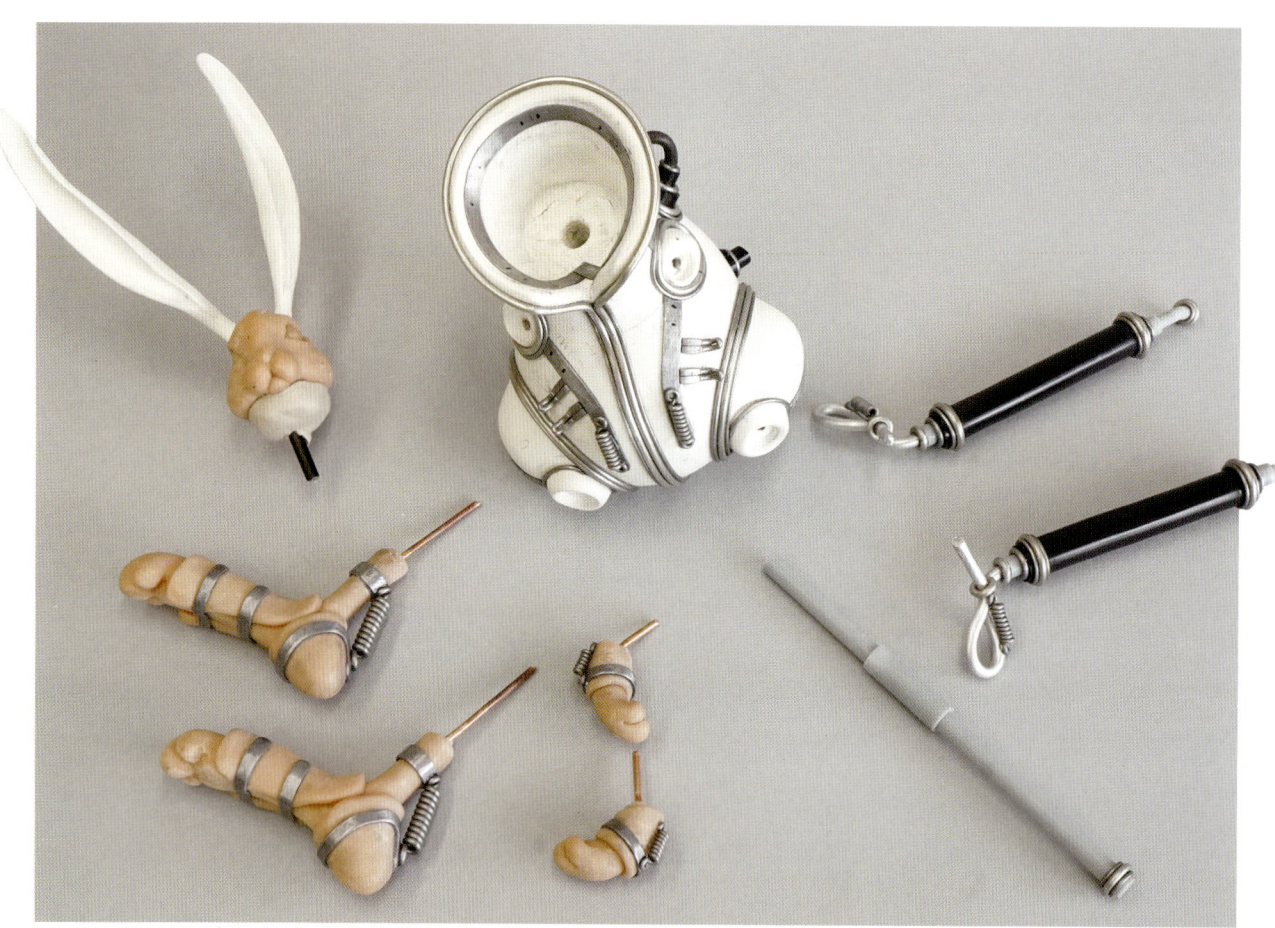

1 糸はんだや鉛板を使ったディテールアップが完了。最後の仕上げに、P51と同様の手順でリベット状のディテールを加えていく。いったんパーツを分解しておくと作業がしやすい。

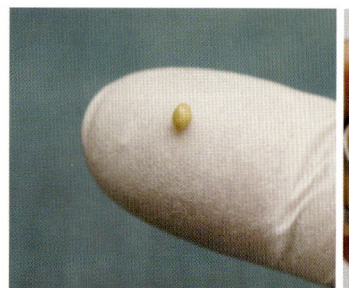 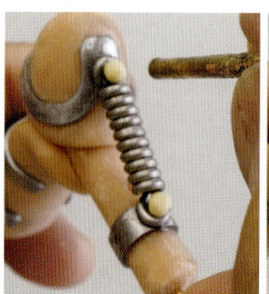 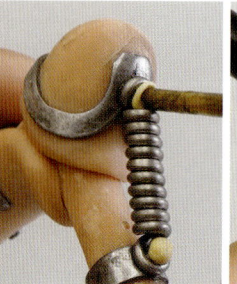 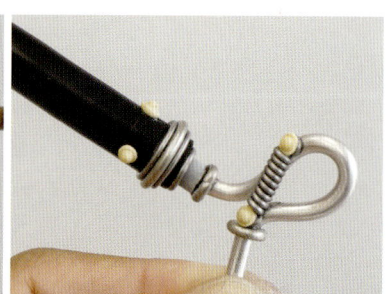

2 コイル状のパーツの両端に丸めたエポキシパテを乗せ、少量の瞬間接着剤で固定。上から真鍮パイプを押し付けてリベット状にする。排気筒やボディにも加えていく。

塗装前の原型完成

この状態で作業をいったん止め、イメージ通りに仕上がっているかしばらく眺めて確認する。今の段階では色違いの素材が混ざっているので装飾がうるさく見えるが、サーフェイサーを吹くとまったく見え方が変わってくる。このことを意識して、装飾に過不足がないかよく確かめる。

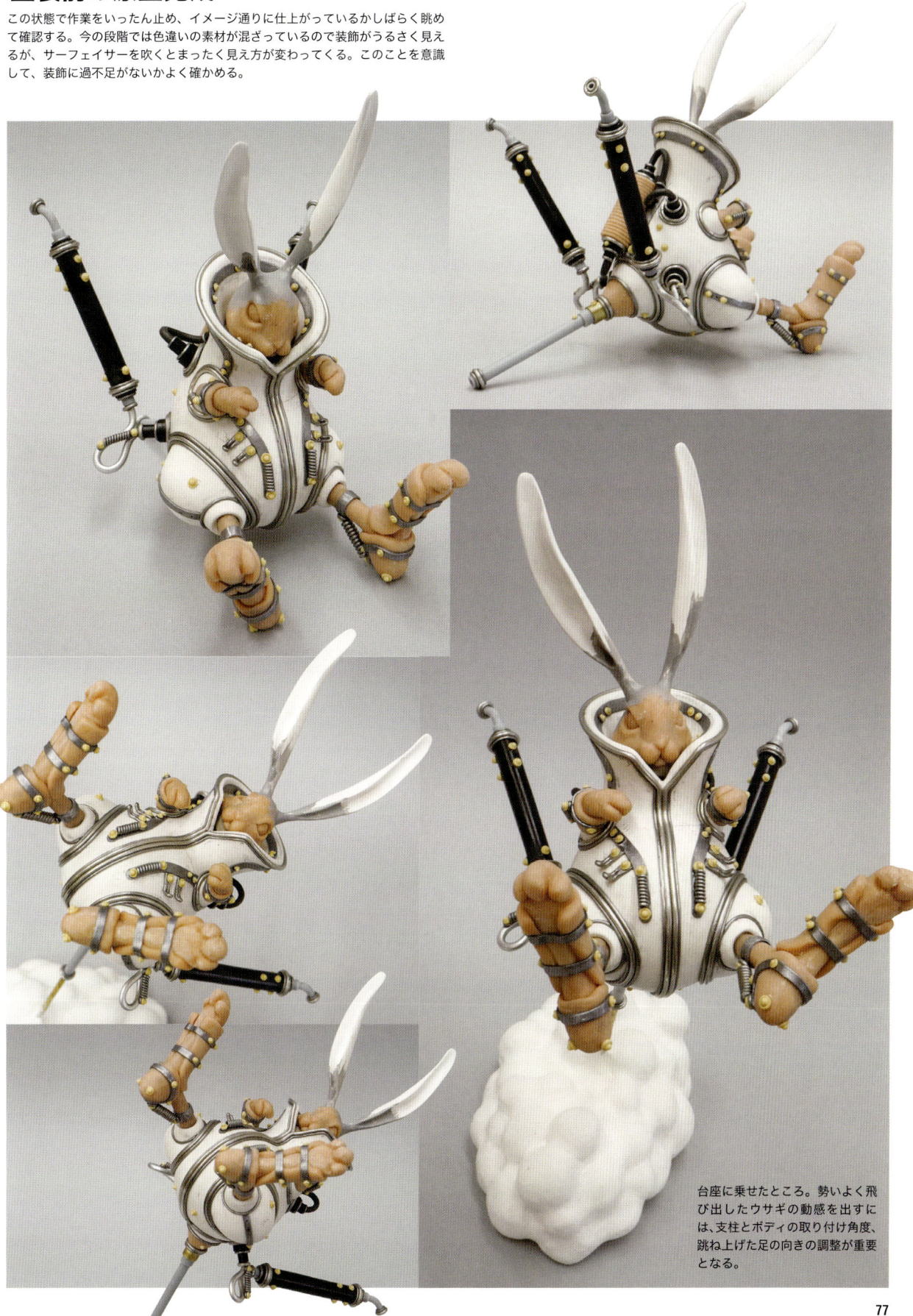

台座に乗せたところ。勢いよく飛び出したウサギの動感を出すには、支柱とボディの取り付け角度、跳ね上げた足の向きの調整が重要となる。

塗装から仕上げまで

1 下地処理

● サーフェイサーと下地色を吹き付ける

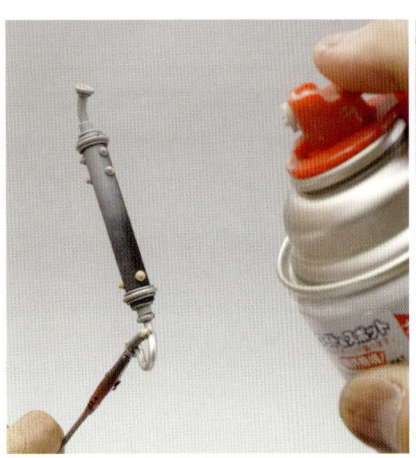
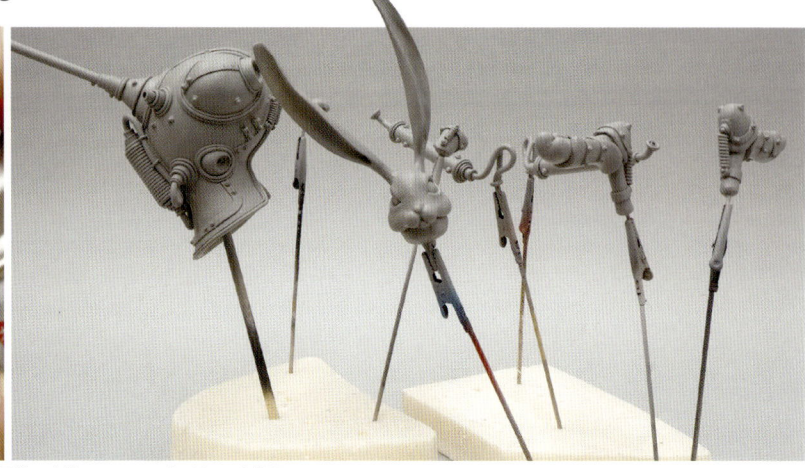

1 サーフェイサーを数回に分けて塗布する。P52と同様に「ボデーペン　プラサフ」を使用。

2 サーフェイサーを吹いて全体がグレーになると、「取って付けた風」に見えていた装飾の数々が、宇宙服としてのまとまりを持つようになる。リベット状のパーツが剥がれ落ちていないか、鉛板が浮いている部分はないか、ひとつひとつ確認。

3 宇宙服の重厚感を塗りで表現するため、頭部以外につや消しブラックのラッカースプレーを下地色として吹き付けておく。

2 ベース塗装〜仕上げ

◉ 暗い色→明るい色の順で重ね塗り

1 塗装にはアクリル絵の具「リキテックス　レギュラータイプ」を使用。黒と赤褐色を混ぜ、最初は黒の分量を多めにし、筆をこすり付けるようにして塗っていく。

2 一度乾燥させ、次は赤褐色を多めにしてこすり付けるように塗っていく。ディテールの溝に黒み（陰影部分）が残るように塗るのがポイント。少しずつ色を明るくして重ね塗りを繰り返し、最後にオレンジゴールドでハイライト（光の当たる部分）を塗る。

◉ タオルで叩いてテクスチャーを表現

1 ウサギの手足の部分に白を塗る。

2 乾燥した後に茶色を塗り、濡れタオルで軽く叩いて色を取る。乾燥させた後、再びブラウンを塗ってタオルで叩く。これを繰り返すと、少し荒れたようなテクスチャ（質感）を表現できる。

● 細部の仕上げ

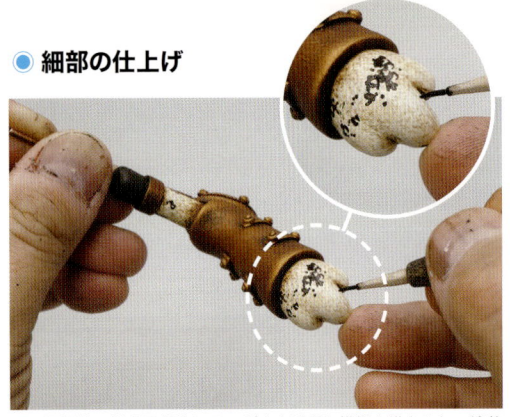

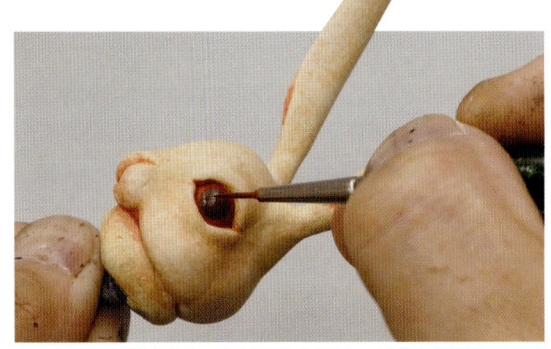

1 面相筆で腕や足部分にランダムな剥がれ模様を描き入れ、塗装面が剥がれたような感じを出す。

2 ウサギの頭部を塗る。肌はP111を参考に。目は中心を暗い赤、周囲を明るめの赤で塗る。

3 緑青（銅の錆部分が緑色になること）の表現を加える。筆で黄緑色を塗り、タオルで叩いてほどよく色を残す。

4 宇宙服のそでやかかと部分にはくすんだ黒を塗って変化を付ける。すべての塗装を終えて乾燥させた後、つや消しクリアー塗料を吹き付けて全体のつや感をマットに統一する。

5 最後に、目のみつやありのクリアーを筆で塗り、ウサギの瞳に光を宿らせる。

完成

ロケットの噴射で宇宙へ飛び立つ一瞬をとらえた作
品の完成。宇宙服の重厚さとウサギの丸っこさが相
まって、ユーモラスな雰囲気に仕上がっている。

ウサギがモチーフの造形バリエーション

[COCOON
minority? MINORITY!]
White

W300×D450×H1030mm　2017年

ユーモラスなロケットウサギとは趣を異にした作品。柔らかな
フォルムを持ちつつも、ウサギらしからぬ骨ばった足で立つ姿
は、見る者に「異質なもの」「見慣れない何か」を感じさせる。
彼がどんな世界で生きる存在なのかは、見る人の想像に委ねら
れている。しかし、きっと彼はどんな世界でも少数派（マイノ
リティ）であるに違いない。

ボディはチッピングの技法（P108
参照）で経年表現を加えている。足
の関節や出っ張ったディテールな
ど、塗装が剥げやすいと思われる場
所を中心にチッピングを行う。

[COCOON
minority? MINORITY!]
Bronze

W180×D300×H850mm　2017 年

身を包むコクーン（繭）がブロンズになり、より殻に閉じこもった印象に。少数派でいることは、ときに孤独なものかもしれない。しかし、強い個性を持った彼は、気後れする様子もなく静かに佇んでいる。

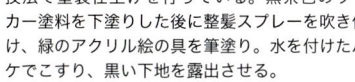

ブロンズのような色調のボディも、チッピングの技法で塗装仕上げを行っている。黒茶色のラッカー塗料を下塗りした後に整髪スプレーを吹き付け、緑のアクリル絵の具を筆塗り。水を付けたハケでこすり、黒い下地を露出させる。

[Personal Mobility]

W360 × D150 × H300mm　2014 年

こちらはまたうって変わって、スチームパンク的要素の強い作品。ウサギは立ち乗り車両を連想させるマシンで助走を付け、ロケット噴射で跳躍する。

当初の予定では立ち乗り車両とウサギだけだったが、制作中に大きなアンテナ状の排気パーツを追加。より前方へ飛び出しそうな雰囲気を強めた。見ごたえのある作品を作ろうと考えるとき、パーツをどのように配置して空間を構成するかは重要な要素となる。

3 章

型取り・複製による作品の制作 —— コレクティブルな作品の展開

ウサギがモチーフの作品づくりと型取り・複製

潜水士やレーサーなど、さまざまな職業をイメージしたウサギの作品をつくります。最初にベースとなるウサギをつくって型を取っておくと複製ができて、さまざまなバリエーションの制作が容易になります。型取りにはいくつかの方法がありますが、今回は石膏を使って型取りを行います。

▶型取り用の分割予定図
複雑なディテールの作品を型取りする場合は、パーツ分割を行う必要がある。そのまま型取りをするとうまく型から抜けなかったり、大きなズレが生じてきれいな形にならなかったりするためだ。予定図を描いておくと後の作業がスムーズになる。

原型の制作

1 粘土の準備

● 2種の樹脂粘土を混ぜ合わせる

> ⚠ ここでの作業に限らず、溶剤（シンナー・薄め液）を扱うときは皮膚に触れないよう注意すること。

1 樹脂粘土は、ポリフォーム「スーパースカルピー」のベージュとグレーを用意。ベージュは弾力があり、グレーは硬質に仕上がる特徴がある。この2種を混ぜ、それぞれの長所を生かす。作業中は必ずゴム手袋を着ける。

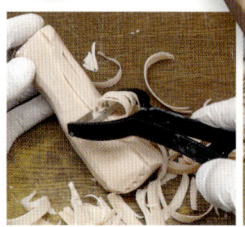  

2 樹脂粘土は硬くなっている場合があるので、ピーラー（野菜の皮むきに使う一般的なもの）で短冊状に削っていく。

3 短冊状になった粘土を揉みながら細かく粉砕し、ベージュとグレーを混ぜる。ここではベージュ6に対してグレー4くらいの比率。自分の扱いやすい配合でよい。

4 樹脂粘土を溶かす効果があるエナメル系の溶剤を少量混ぜる。ここではタミヤ「エナメル塗料 X-20 溶剤」を使用。

 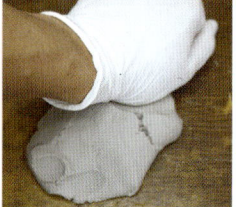 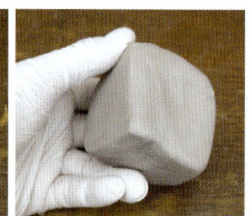

5 溶剤を混ぜると少し柔らかくなるので、パイプなどを使ってよく練り伸ばしてちょうどよい硬さに仕上げる。

2 頭部の制作

● アルミホイルを芯材に樹脂粘土で造形

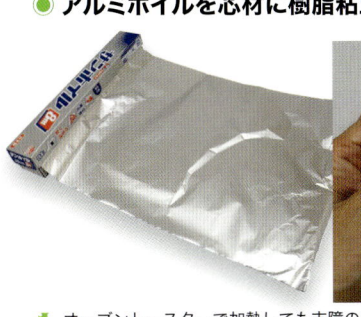

1 オーブントースターで加熱しても支障のないアルミホイルを芯材にする。手で小さく丸めた後、金づちで叩いて密に固めていく。固め方が弱いと、粘土をかぶせた後の造形中にへこんでしまうのでよく突き固めておくこと。

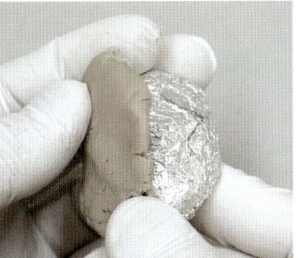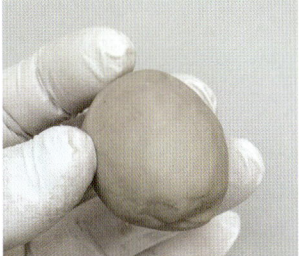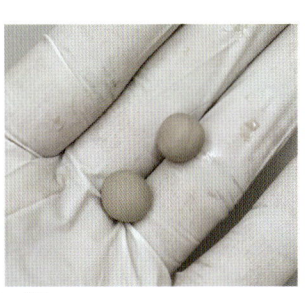

2 樹脂粘土をかぶせ、ウサギの丸っこい頭の形をつくる。口元の出っ張った部分は、小さく丸めた粘土を2個くっつけてつくる。

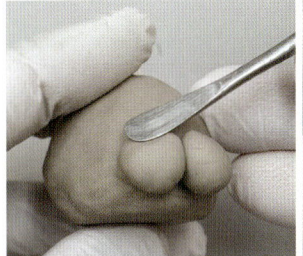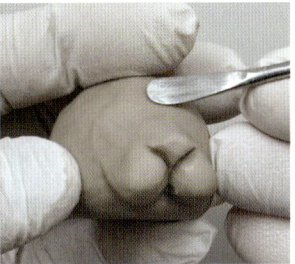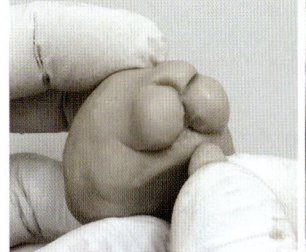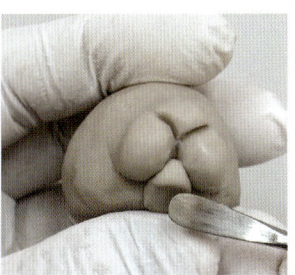

3 丸めた粘土を2個付け、上部の丸みをスパチュラで少し潰すようにして頭となじませる。鼻の部分にも粘土を乗せてスパチュラでなじませていく。

4 口の下部分にも粘土を付けて伸ばし、割れ目のあるウサギらしい口元をつくっていく。

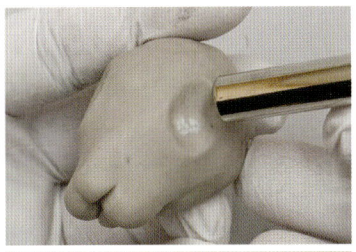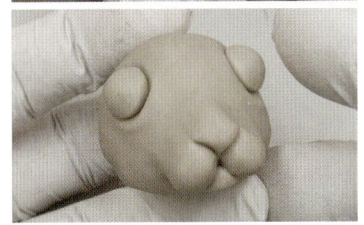

5 鉛筆キャップなど先の丸い棒を押し付けてくぼみをつくり、丸めた粘土を付けて目をつくる。130度のオーブントースターで約15分加熱し、硬化させる。

③ 表情の造形

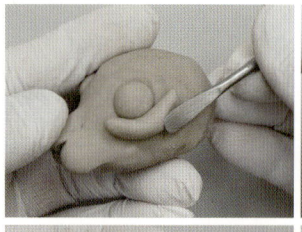
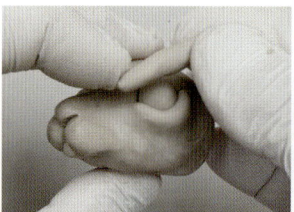
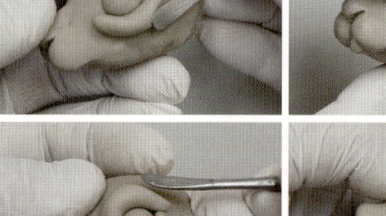
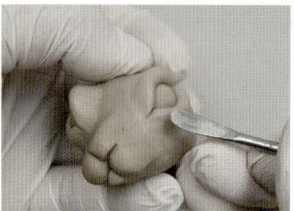

1 ソーセージ状に伸ばした粘土を目の下→上の順に乗せ、スパチュラでなじませながらまぶたをつくりオーブントースターで加熱。若干つり目になるように粘土を乗せるのが重要ポイント。ここで形づくる目尻の位置が、ウサギの顔の良し悪しを決める決定打となるので慎重に。

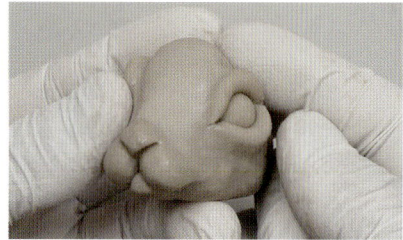
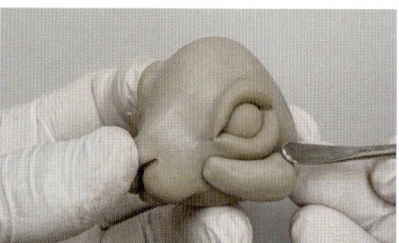
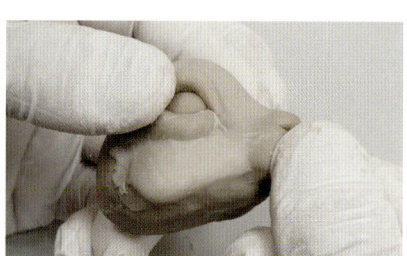

2 加熱後、硬化したところでウサギの表情をよく見る。少し愛らしさが足りないように見えたので、額と頬に粘土を足し、下ぶくれでかわいい顔立ちにする。このように、「表情を確認→粘土を足して造形→硬化」を繰り返して、理想の顔立ちに近づけていく。

④ ボディの制作

● 洋なし型のボディに大きなえりを付ける

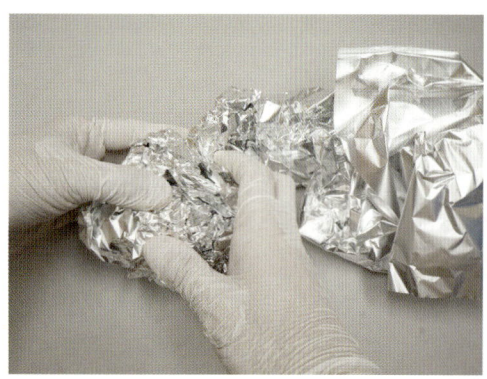

1 頭部と同様にアルミホイルを芯材とする。金づちで叩いて固め、洋なし型のぷっくりしたボディの形をつくる。

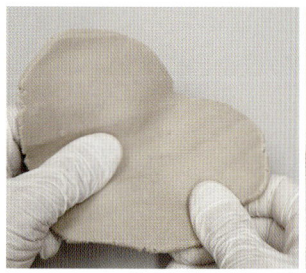
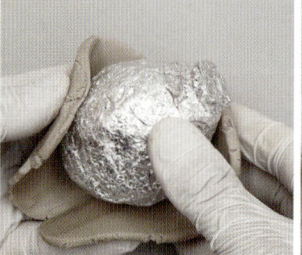
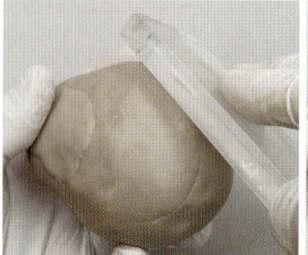

2 薄く伸ばした粘土で芯材をくるみ、アクリル板で表面を整える。えりを付けるめやすとなるように、ボディの中心部分に鉛筆で線を引く。

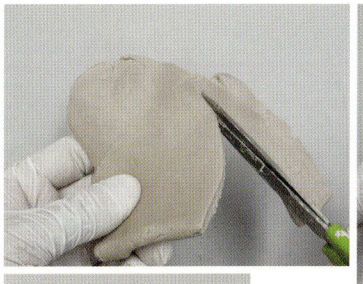 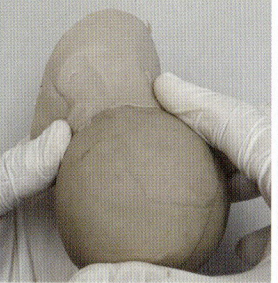 

3 平たく伸ばした粘土をはさみで切ってえりの形をつくり、ボディに取り付ける。作業の途中で何度も頭パーツをあてがい、顔とのバランスを考えながら整えていく。えりは後頭部を高めにして頭を包み込むようにすることで、おくるみのような愛らしさを強調する。作業後にトースターで加熱。

 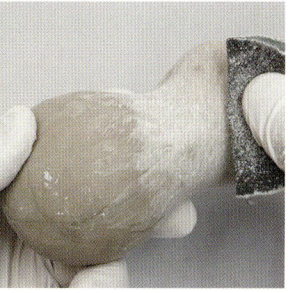  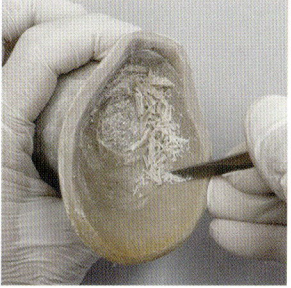

4 えりのつなぎ目を80番の布ヤスリで削り、ボディとえりがなめらかにつながるようにする。

5 えりの端をデザインナイフで削って形を整え、内側を削ってえりの厚みを薄く繊細にする。

● 下腹部のボリュームアップ

   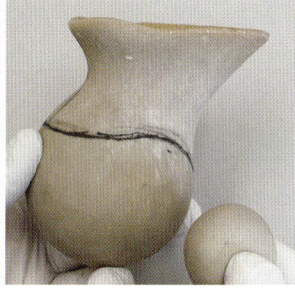

1 薄くなりすぎた部分に粘土を足して補修。頭パーツをあてがって出来上がりをイメージしながら、えりとボディの境界部分（型取りをしやすくするため、後にパーツ分割する部分）に油性ペンで線を引く。

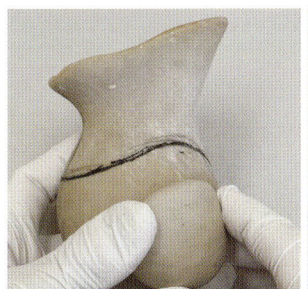 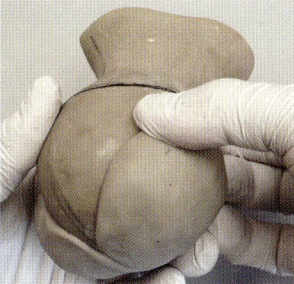 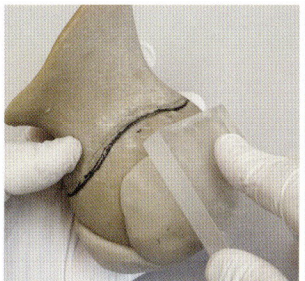 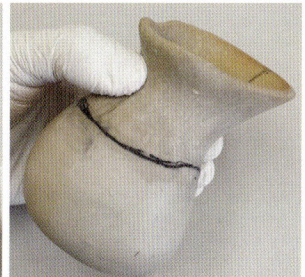

2 少し頭でっかちに見えたため、ボディの下部に粘土を足してボリュームアップする。丸めた粘土を太ももの付け根に押し付けるようにし、アクリル板で伸ばしてぷっくりした下腹部をつくる。

● えりと太もものディテールをつくり、分割

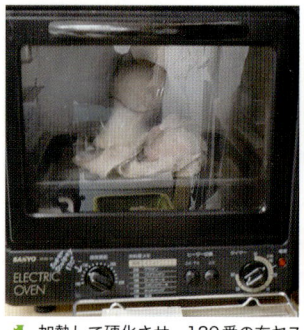

1 加熱して硬化させ、120番の布ヤスリで表面を整える。再度油性ペンでえりとボディの境界を引き直し、線上に細く伸ばした粘土を貼り付ける。

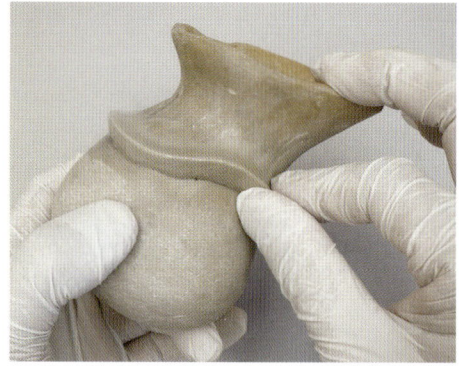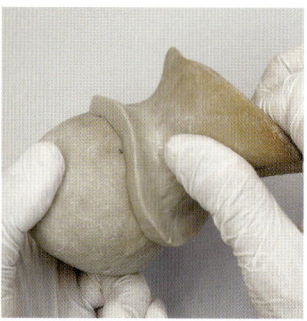

2 指ではさんでとがらせる。エナメル溶剤（P86参照）を付けながら作業すると表面がなめらかになる。

3 丸めた粘土をボディ下部に押し付け、太ももの形をつくる。

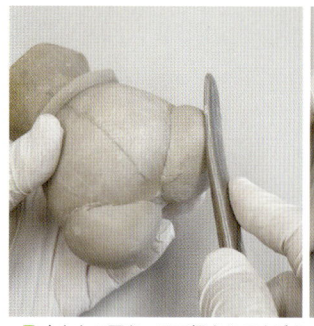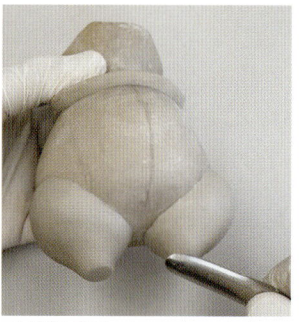

4 太ももの下をヘラで押さえてすぼまった形状に整え、トースターで加熱。

6 分割したところ。加熱したばかりの樹脂粘土は完全に硬化していないのでナイフが入りやすく、簡単に分けることができる。

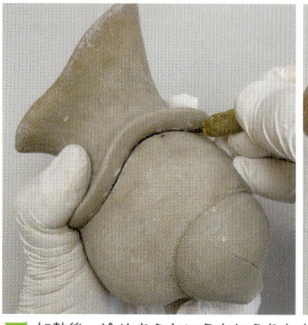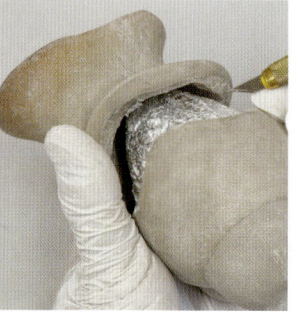

5 加熱後、冷めきらないうちにえりとボディの境界部分にナイフを入れ、パーツを分割する（やけどに注意）。

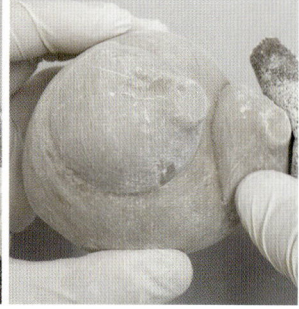

7 冷めきって硬化したところで、80番の布ヤスリを使って切り口や表面を削り整える。

5 耳〜後頭部の造形

● やや厚みを残すように耳の形をつくる

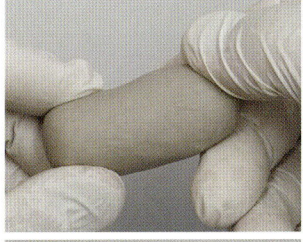  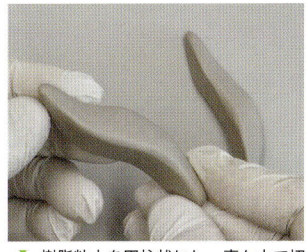 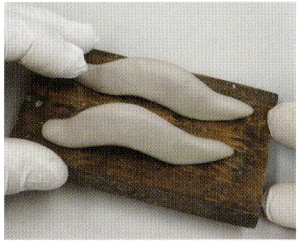 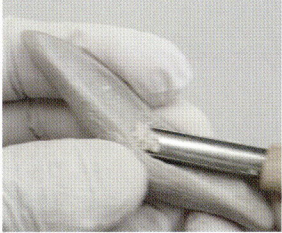 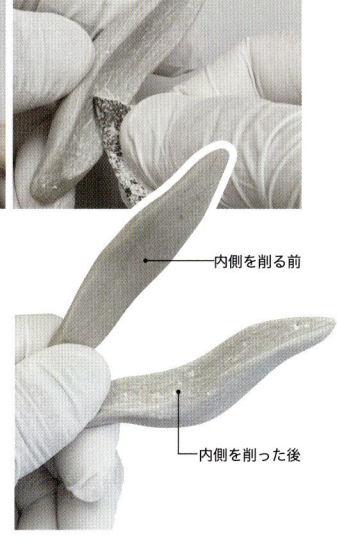

1 樹脂粘土を円柱状にし、真ん中で切るとほぼ同じ量の粘土がつくれる。これをもとにウサギの耳をつくる。まったくの左右対称にならないよう多少の変化を付け、木の板の上に乗せてトースターで加熱。

2 硬化後に内側を彫刻刀（丸刀）で削り、布ヤスリで表面をきれいにして耳の完成。石膏型では薄いパーツの形を取ることが難しいため、あまり耳を薄くしすぎないようにする。

内側を削る前
内側を削った後

● パーツ分割のために後頭部を削る

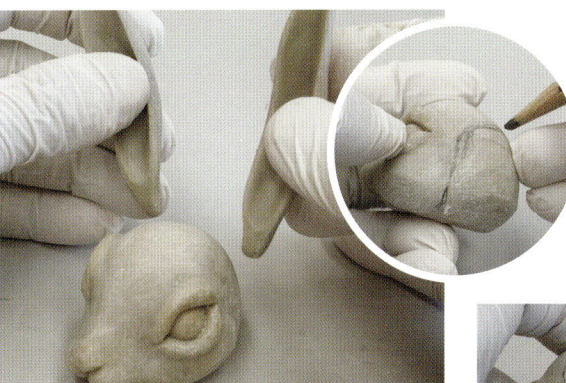 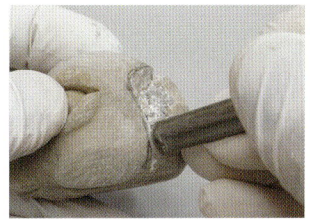

1 耳をあてがって位置を決め、後頭部にパーツ分割のためのガイド線を鉛筆で描く。

2 ガイド線に沿って、後頭部の粘土を彫刻刀で削り取る。芯材もニッパーで引き出して量を減らす。

  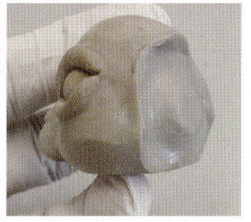

3 ナイフで後頭部の切断面をきれいに整え、樹脂粘土で穴をふさいでトースターで加熱する。

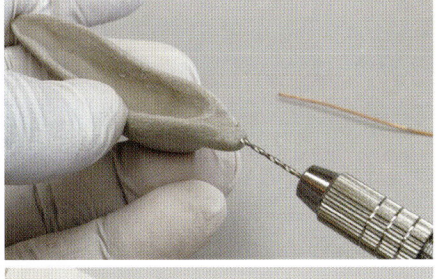  

4 1.5mmのピンバイスで耳の根元に穴を開け、銅線を挿して瞬間接着剤で固定する。

● 耳〜後頭部が一体のパーツをつくる

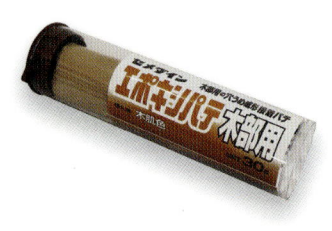 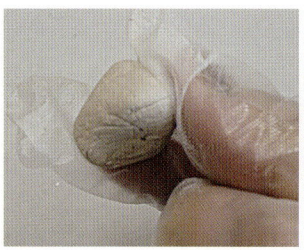 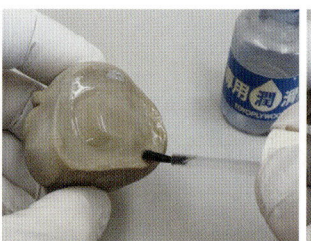 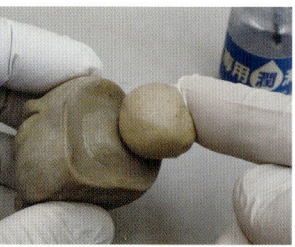

1 削り取った後頭部を、エポキシパテ木部用で新たにつくる。頭部の断面に潤滑油（サラダ油などでもよい）を塗り、丸めたエポキシパテを盛り付ける。

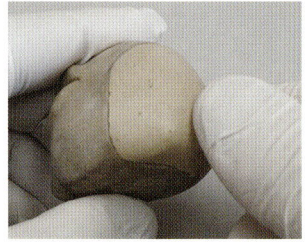 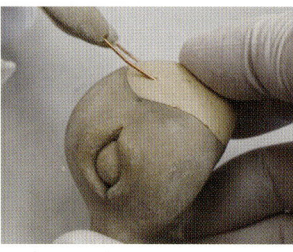 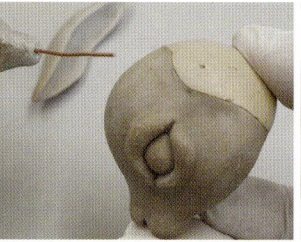 

2 後頭部の形をつくり、硬化する前に耳の位置に銅線を挿し込んで外す。10分ほど経って硬化したら、後頭部を取り外す（潤滑油を塗ってあるので簡単に取り外せる）。

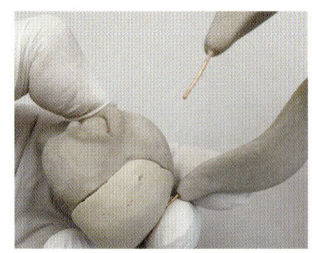 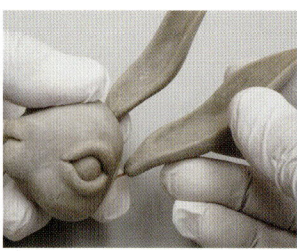 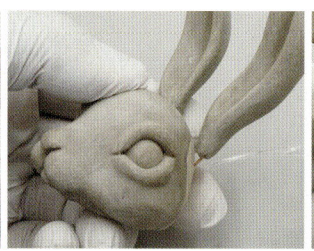 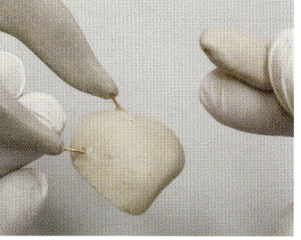

3 耳を挿し込んで接続し、瞬間接着剤で固定。接続部分にパテを盛り付けて耳の付け根の形状をつくる。

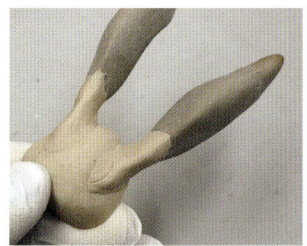 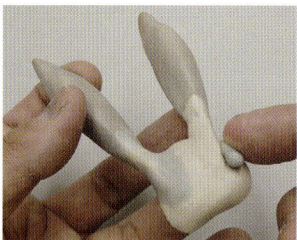 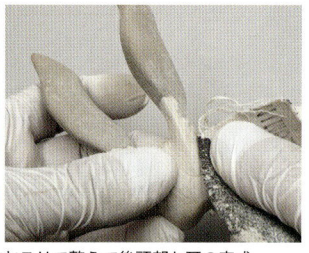

4 左右のバランスを見ながらパテの盛りと削りを繰り返し、80番〜120番の布ヤスリで整えて後頭部と耳の完成。

6 足の制作

● 安定して立つ形状をつくる

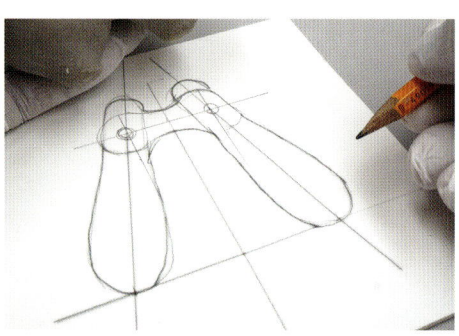 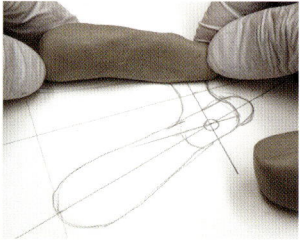 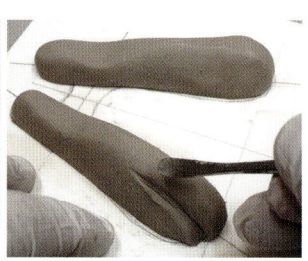

1 2章のウサギと異なり接地させる必要があるので、あらかじめ厚紙に安定した足の形状を描く。厚紙の上に樹脂粘土を乗せて整形し、スパチュラで足先のディテールをつくる。

 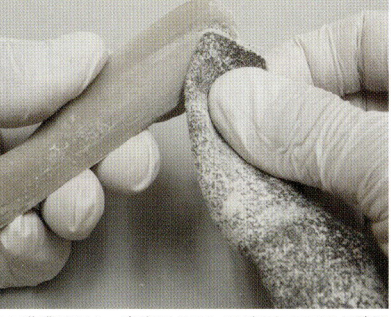

2 もう片方の足にもディテールを加える。厚紙に乗せて作業すると、左右のバランスが取れているか確認しやすい。トースターで加熱して硬化させ、120番の布ヤスリで表面を整える。

 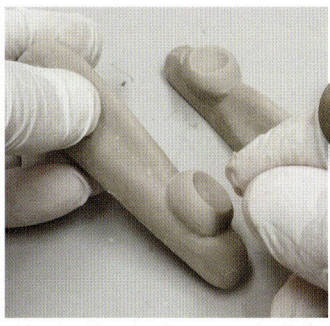 

3 足首の部分に丸めた粘土を乗せ、指でへこませる（先の丸い棒などを使ってもよい）。加熱・硬化させて足パーツの完成。

7 下地処理

● サーフェイサーを吹き付ける

 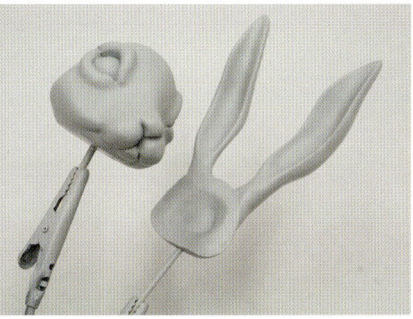 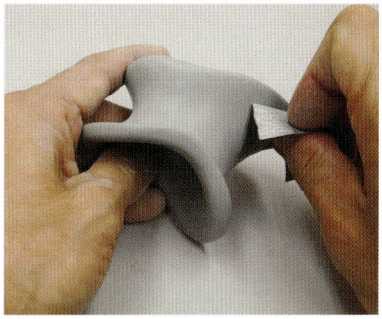

1 サーフェイサーを何回かに分けて吹き付ける。最初は遠くから吹き付け（ざらっとした質感になるので砂吹きと呼ぶ）、だんだん近付けて吹き付けるのがコツ。微細な傷は320番の耐水ペーパー（水は付けない）でヤスリがけして埋める。

複製前の原型完成

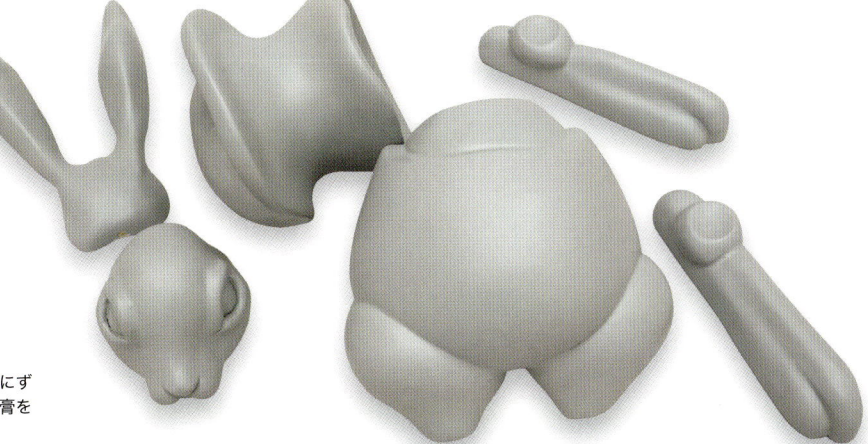

このようにパーツを分割することで、複製の際にずれや欠けが少なくなる。大きな型枠や大量の石膏を必要としないコスト面のメリットも生まれる。

石膏での型取り

造形作品の複製をつくるために型を取る技法にはいくつかの種類がある。本項で紹介する「石膏型取り」は、臭いが少なく安全で安価な型取り方法。複製品を中空（内側が空洞で軽い状態）にできるメリットもある。シリコン型などと比べてもろく、大量に複製する目的には向かないが、初心者が型取りをする際には勧められる技法である。

1 石膏を流す型枠の準備

◉ パーツを油粘土で固定する

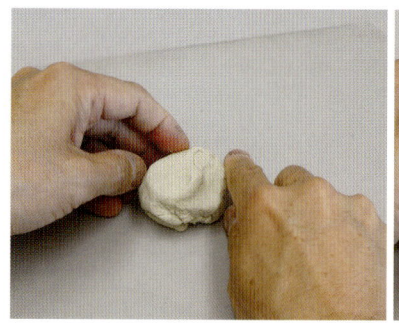
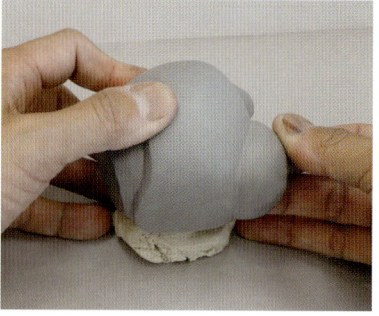

1 クリアファイルなどツルツルしたものの上に油粘土を置き、型取りするパーツ（ここではボディ）を固定する。

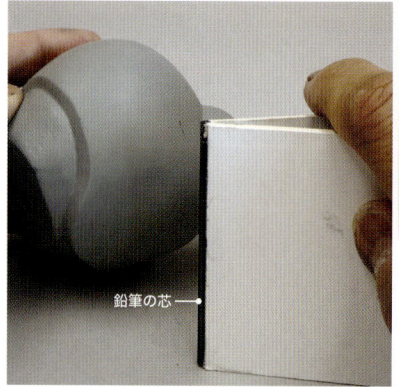

鉛筆の芯→

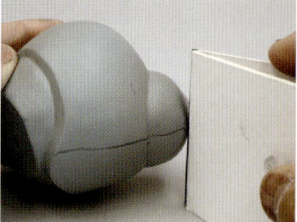

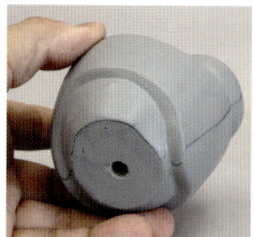

2 三角に折った厚紙に鉛筆の芯を貼り付けたものを用意。これを固定したパーツに這わせると、パーツの一番出っ張った部分に線が引ける。この線が型の合わせ目（パーティングライン）のめやすとなる。

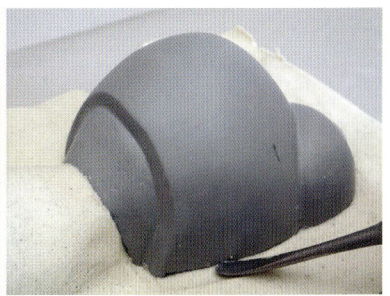

3 合わせ目のめやすを油性ペンでなぞって見えやすくし、めやすの高さまで油粘土で囲う。ボディ上部だけは鋳込み口(複製用の素材を流し込む口)をつくるため、油粘土を円錐状に盛る。

● 型枠で囲む

4 型枠の合板(厚さ9mm)を用意する。石膏が漏れ出さないように、ゆがみやひび割れがないものを使う。

5 石膏とくっついてしまわないよう、作品と型枠にワックスを塗っておく。ここではリンレイ「油性ワックス液状」を使用。

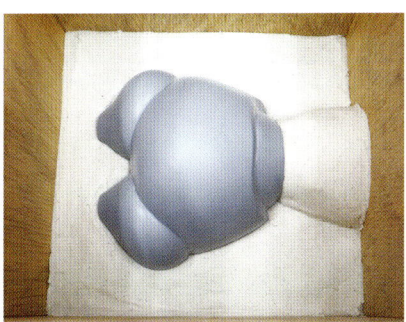

6 粘土に固定した作品を枠で囲み、クランプと呼ばれる金具でがっちり固定して石膏が漏れないようにする。型取りするパーツと合板の間は3cm程度の距離を開ける。ここの距離がないと型が壊れやすくなったり扱いにくくなったりするので注意。

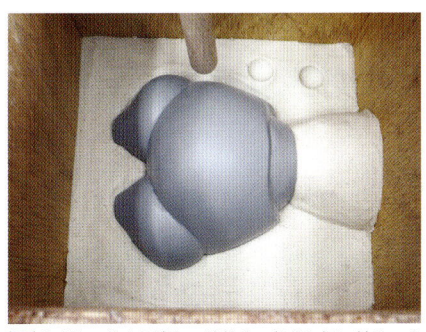
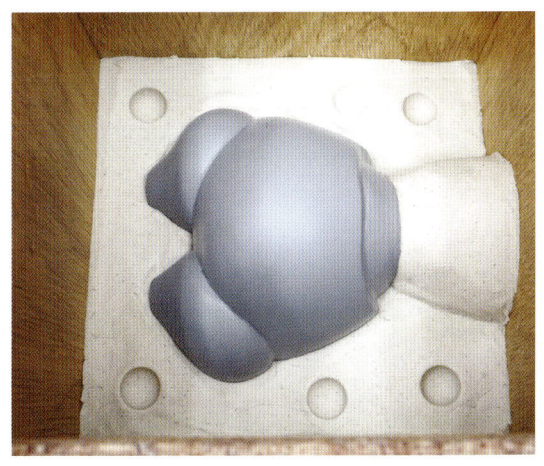

7 先が丸い棒を用意し、油粘土の部分に押し付けてくぼみを付ける。くぼみを付けておくと、型のずれを防ぐことができる。

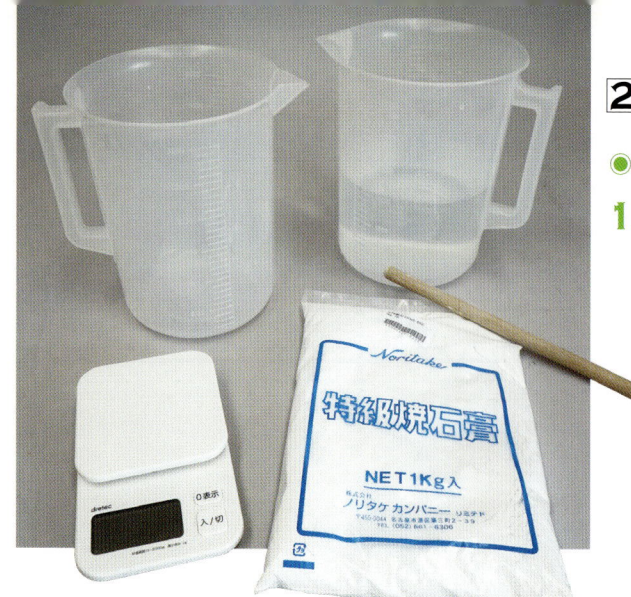

2 石膏の流し込み

● 石膏の準備

1 ここでは、ノリタケ「特級焼石膏」を使用。水で溶かすと液状になり、約10分で固まり始め、40分ほどで完全硬化する。石膏と水の分量を間違えるときちんと石膏が硬化しないので、計量カップとデジタルスケールを用意する。

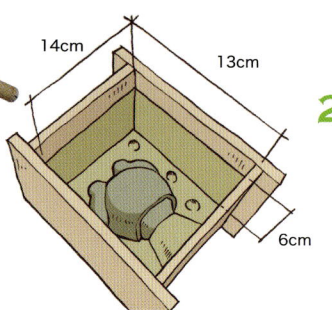

2 型枠の寸法を測り、そこから必要な石膏の量を割り出す。縦14cm×横13cm×高さ6cmなので、体積は1092立方cm。約1kgの石膏が必要となる。混ぜる水の量は石膏量の70%、700g。

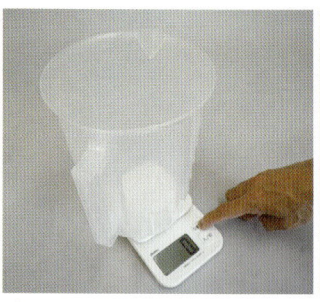  

3 デジタルスケールに容器を置き、容器の重さを引いてから水と石膏の量をそれぞれ計る。

4 水に石膏を少しずつ混ぜ、棒で泡立てないように撹拌する。右回り100回、左回り100回がめやす。混ぜ終えたら、容器を上下にコンコンと優しく振動させ、石膏液の気泡を上面に浮かせる。

● 石膏を流し込む

 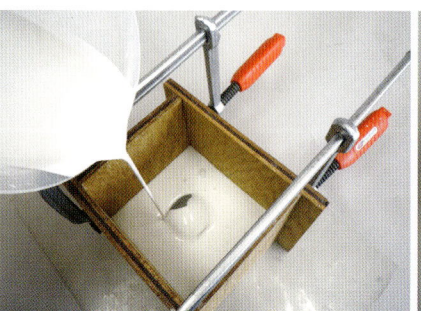 

1 勢いよく流し込むと気泡ができるので、静かに少しずつ流し込む。石膏が漏れる場合があるので、下にクリアファイルなどを敷いておくとよい。

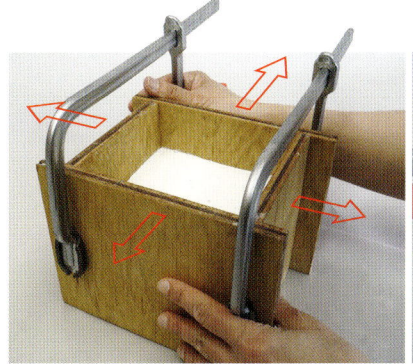

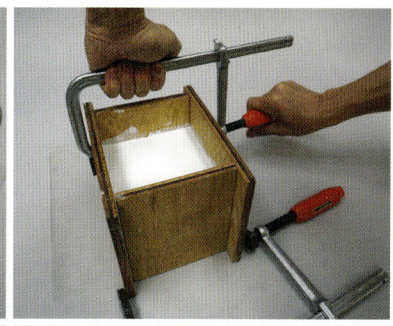

2 型枠を左右に少し動かし、気泡を出す。30分
〜 40分ほどして石膏が硬化したら、クランプ
を外し、型枠を外していく。ゴムハンマーで内
側からコンコンと軽く叩くと外れる。

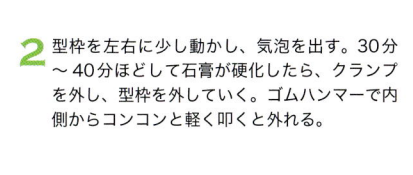

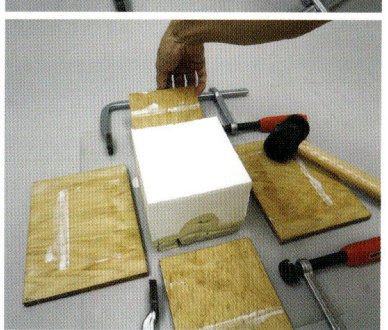

3 石膏型をひっくり返し、油粘土を取り除く。

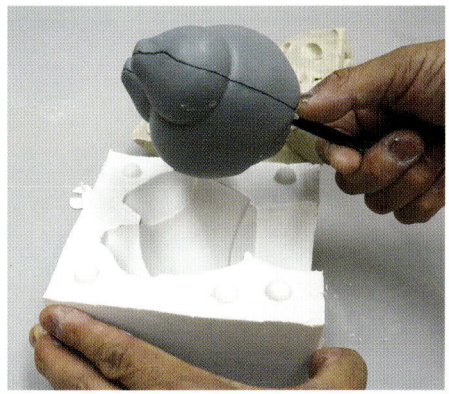
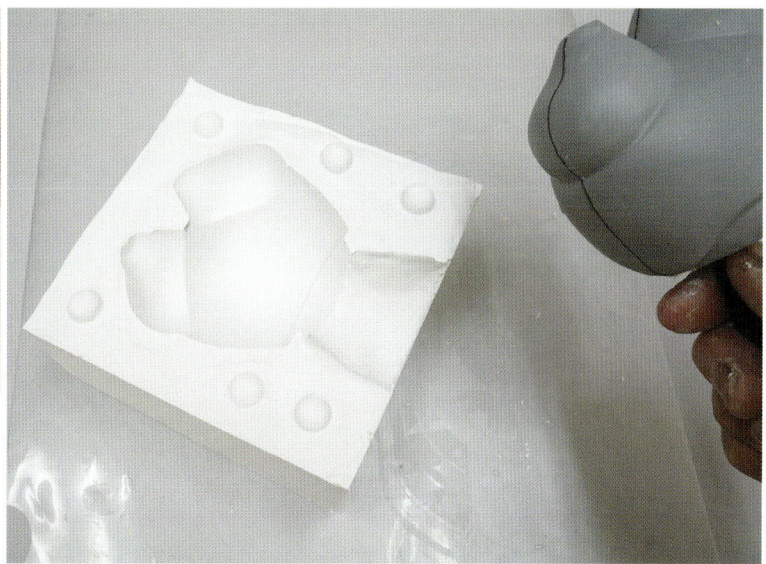

4 石膏型から原型を取り外す。石膏型の半分が完成した。

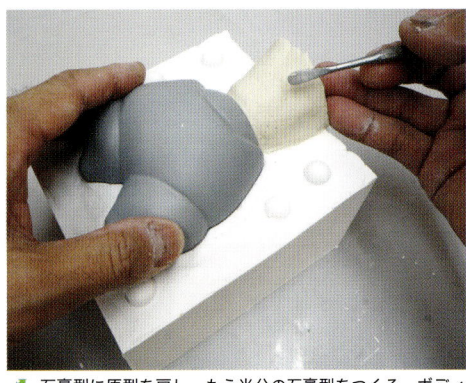

1 石膏型に原型を戻し、もう半分の石膏型をつくる。ボディ上部に、円錐状に油粘土を盛って鋳込み口をつくる。

2 原型と石膏の表面、合板にワックスを塗り、石膏型を合板で囲む。

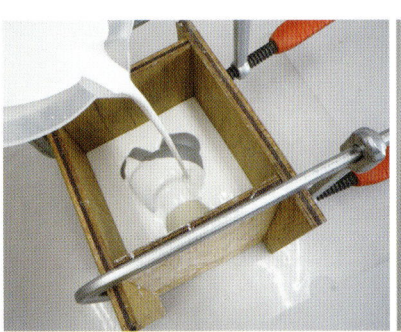

3 クランプで固定し、P96〜97と同様の手順で石膏を用意して流し込む。硬化後、型枠を外す。

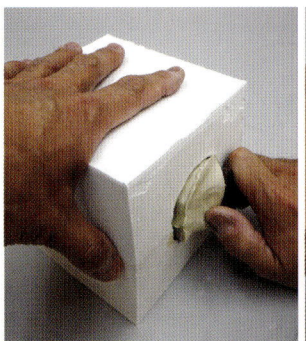

4 油粘土を取り除き、ボードカンナ（石膏ボードを削るためのカンナ）で石膏型の角を削る。

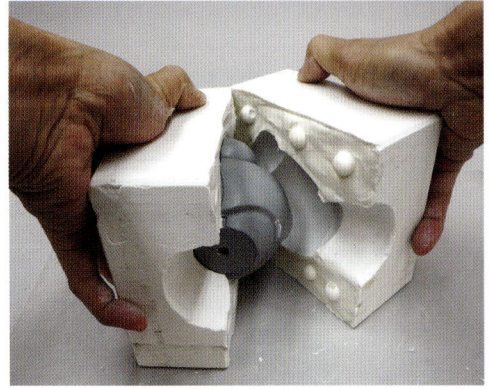
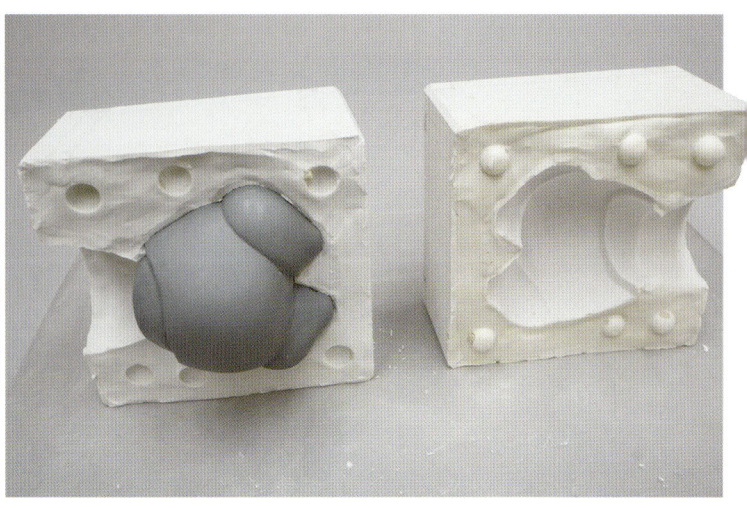

5 石膏型を2つに分離する。ワックスがきちんと塗ってあれば、手できれいに分けられる。

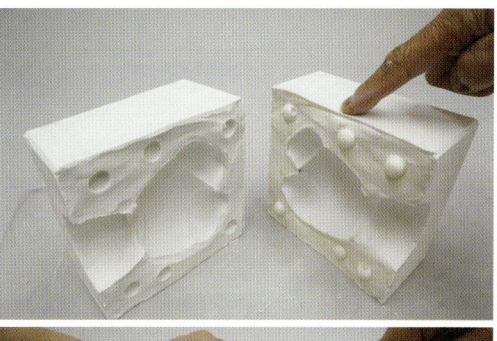

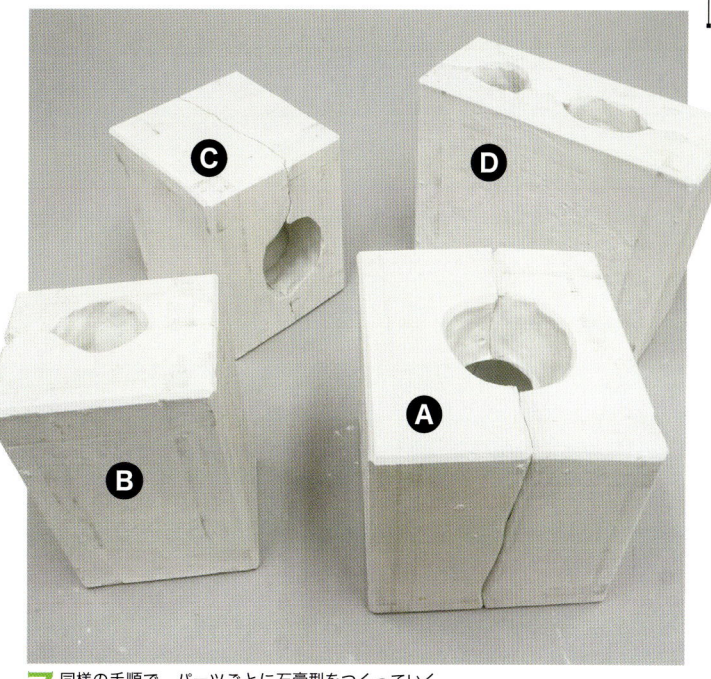

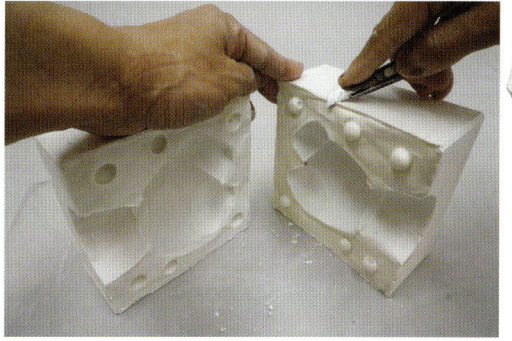

6 合わせ目に生じたバリ（余計な部分）は残しておくと型がぴったり合わなくなるので、カッターで削る。

7 同様の手順で、パーツごとに石膏型をつくっていく。

型取り完了　各パーツの石膏型が完成。頭部と足は小さいパーツのため、一度に型を取った。

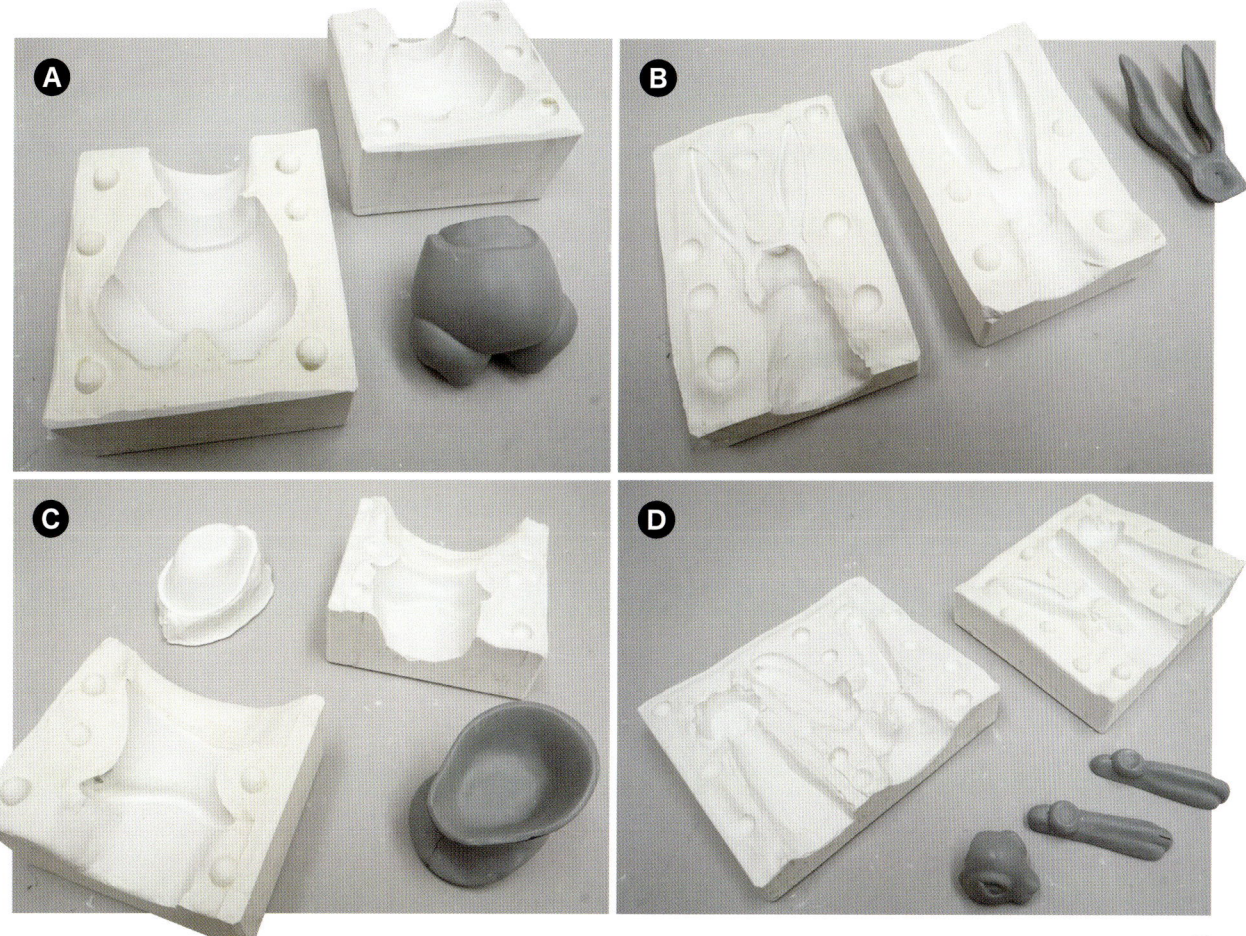

鋳込み (いこ)

型に素材を流し込んで複製をつくる作業を「鋳込み」と呼ぶ。鋳込みに使う素材は金属やレジン（樹脂）などさまざまな種類があるが、今回は安全性が高く扱いやすい液体粘土を使用する。

1 液体粘土と型の準備

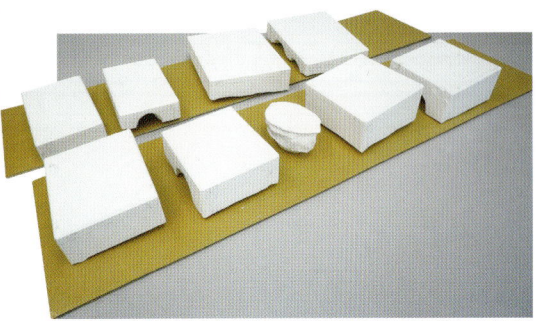 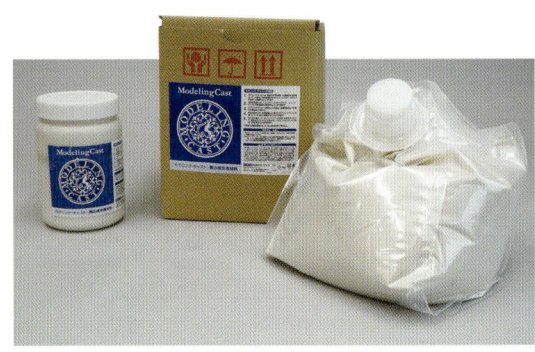

1 石膏型を風通しのよいところで十分に乾燥させ（約1週間）、鋳込み作業に入る。

2 液体粘土は、パジコ「モデリングキャスト」を使用。水分が分離している場合があるので、気泡ができないよう静かにかき混ぜる。

 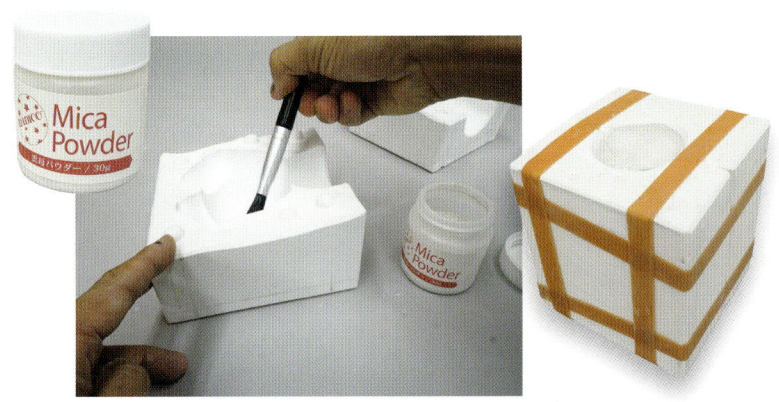

3 ダマになっている部分が入らないように、粗めのザルでこす。

4 型に離型剤（きれいに型が抜けるようにするための薬剤）をチークブラシで塗布する。ここでは、パジコ「マイカパウダー」を使用。塗布を終えたら石膏型を組み合わせ、ラバーバンドでしっかりと固定する。

2 液体粘土の流し込み

1 液体粘土を高い位置から途切れないように流し込み、軽く叩いて気泡を追い出す。

2 しばらく放置すると粘土がへこむので注ぎ足す。

 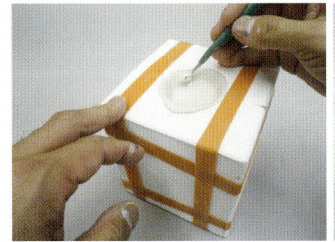 

3 口から盛り上がる程度に注ぎ足し、3〜4分ほど放置し着肉（型の内側に粘土が固着すること）を待つ。

4 カッターで鋳込み口の着肉部分をめくり、着肉の厚みを確認する。2〜4mmの厚みになっているのを確認したら、型をさかさまにして余分な粘土を出す。

3 乾燥、取り出し

◉ よく乾かしてから型を外す

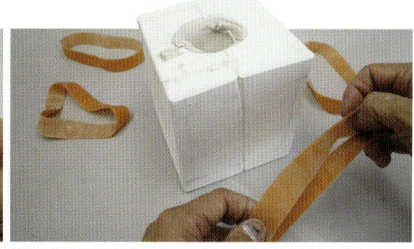

1 型を伏せ、40分から1時間ほど乾燥させる。下に棒などを置いて伏せると、通気がよくきれいに乾燥する。

2 ゴムハンマーで、型全体を軽く叩く。型と粘土の間にすき間ができてコトコト音がするのを確認したら、ラバーバンドを外す。

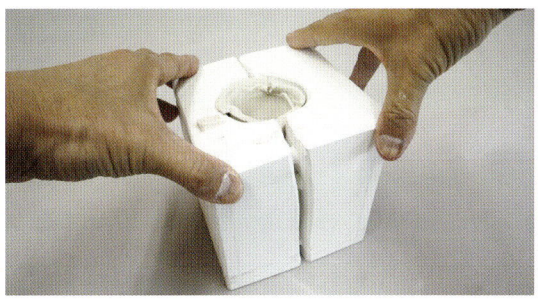
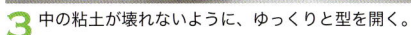
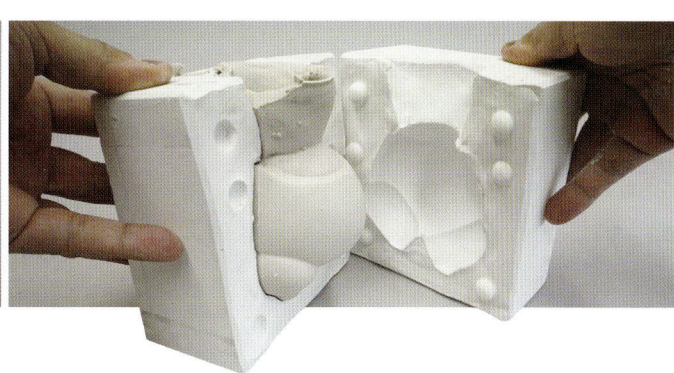

3 中の粘土が壊れないように、ゆっくりと型を開く。

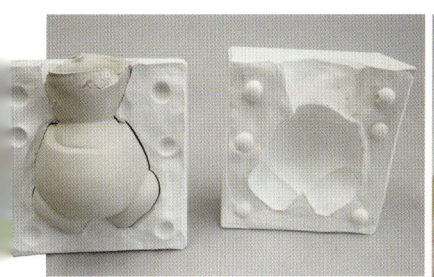

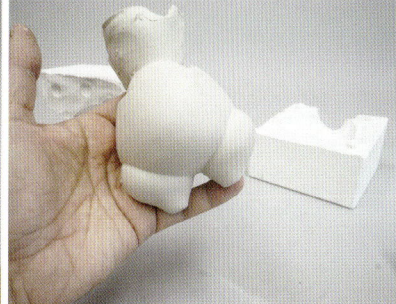

4 硬化した粘土のパーツを手で受け取るようにして型を外す。

◉ 余分な部分を切り取る

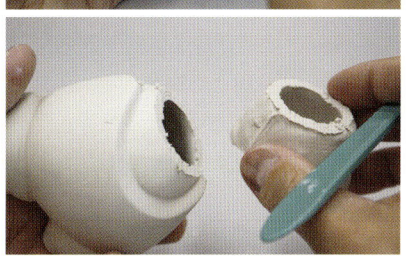
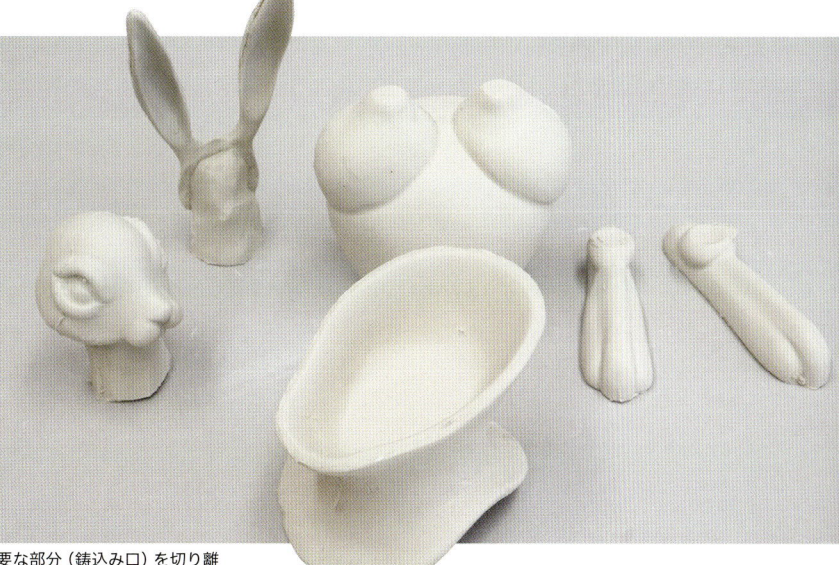

1 完全に硬化して固くなる前に、カッターナイフで不要な部分（鋳込み口）を切り離す。同様の手順を繰り返し、各パーツを複製していく。

4 複製したパーツの仕上げ

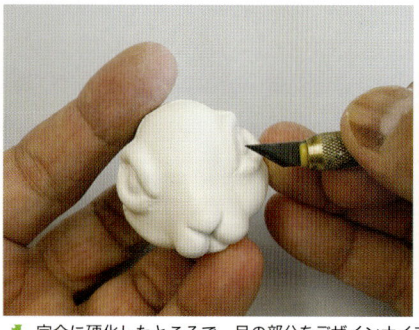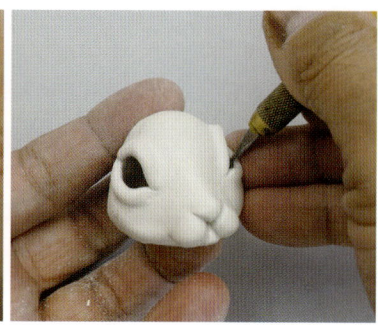

1 完全に硬化したところで、目の部分をデザインナイフでくり抜く。硬化後は簡単に刃が入らないので、削るようにして少しずつくり抜いていく。

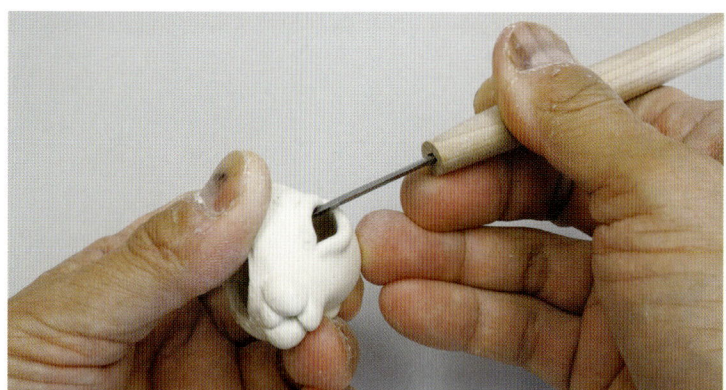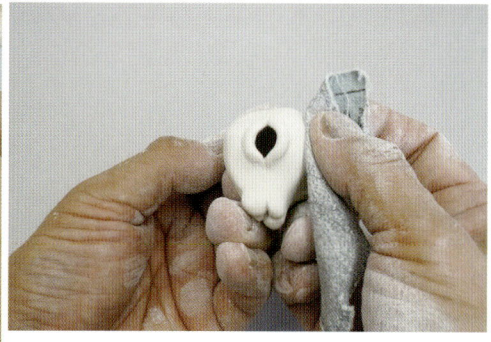

2 彫刻刀も使って目のふちを整え、120番の布ヤスリで表面を整える。

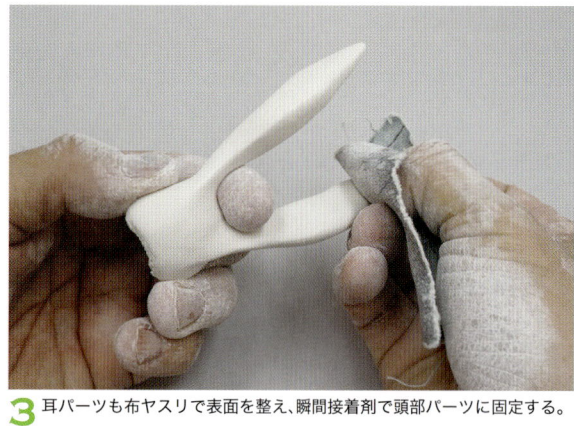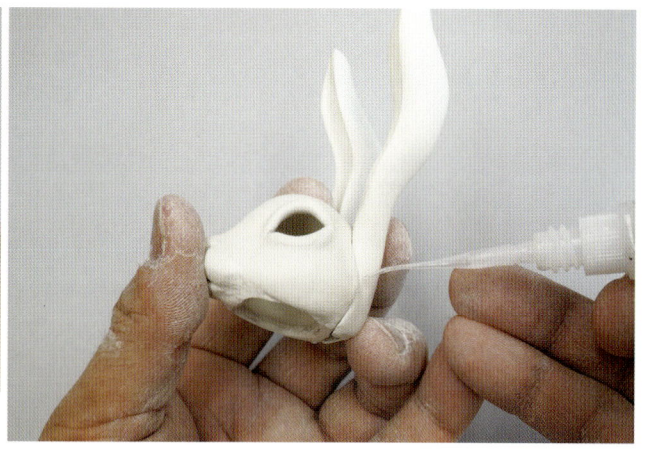

3 耳パーツも布ヤスリで表面を整え、瞬間接着剤で頭部パーツに固定する。

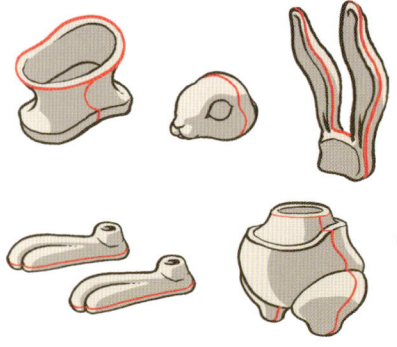

4 複製したパーツには、型の合わせ目部分に不要な線状の出っ張りが出てしまう（図の赤い部分。これをパーティングラインと呼ぶ）。それぞれのパーツのパーティングラインを布ヤスリで削り、仕上げ完了。

⑤ 組み立て

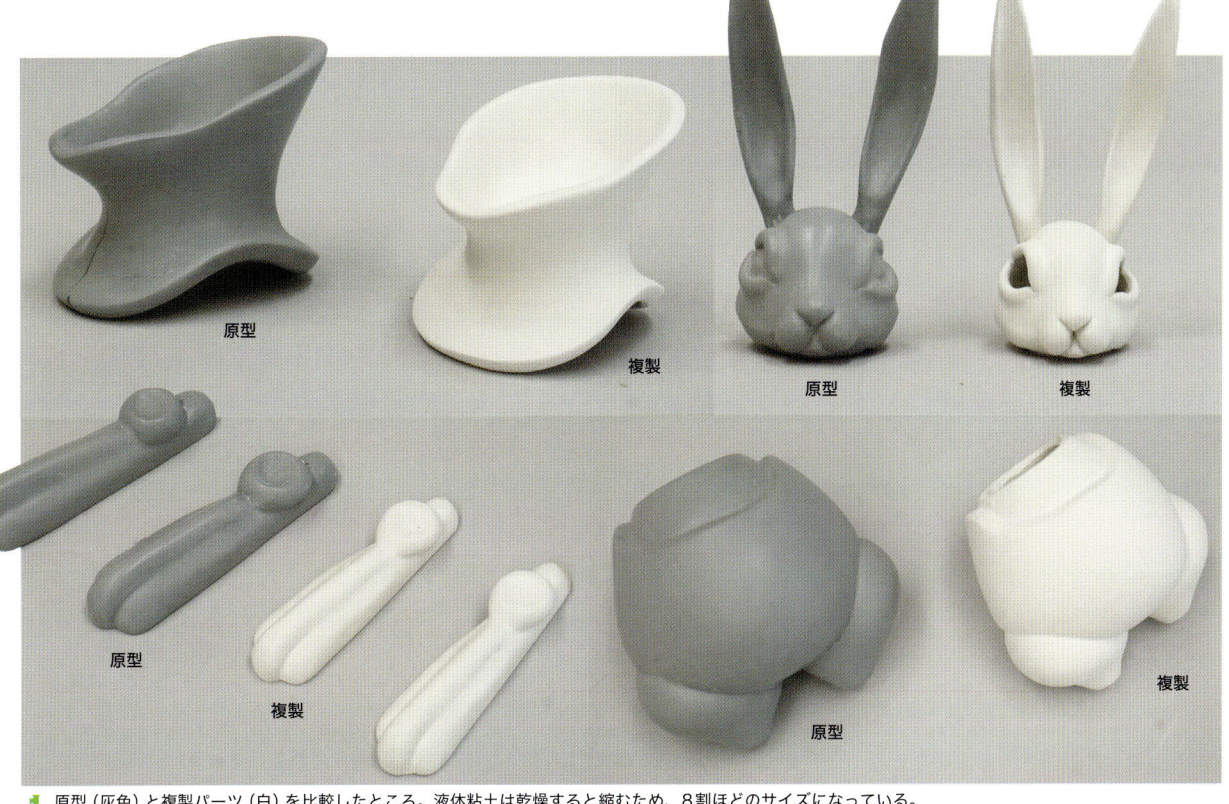

1 原型（灰色）と複製パーツ（白）を比較したところ。液体粘土は乾燥すると縮むため、8割ほどのサイズになっている。

2 足パーツと、ボディパーツの足の付け根にドリルで穴を開ける。

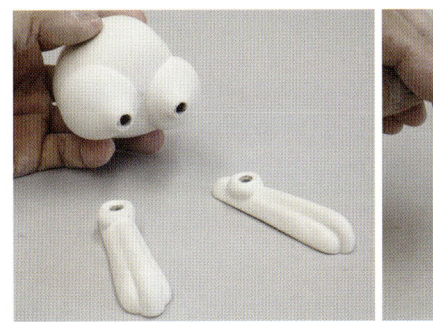
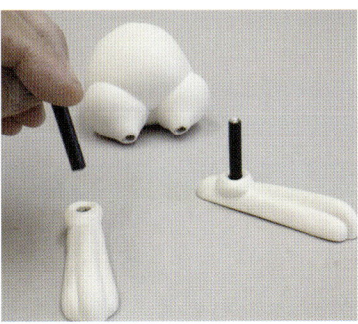

3 アルミ棒でボディと足を接続。えりと頭部も組み立てる（ここでは接着しない）。

4 鋳込みで複製したウサギの完成。ここにディテールを加えることで、さまざまな個性を持ったウサギをつくることができる。

複製で基本のウサギをつくる

複製を使って、白いコクーン（眉）で包まれたようなウサギ「COCOON」のノーマルタイプを制作します。鉛板とリベット状の装飾で、柔和な雰囲気ながらメリハリの利いたデザインにします。

▲イメージスケッチ
白く柔らかなコスチュームに身を包んだウサギ。温かくほっとできる雰囲気を重視しつつ、装いに朽ちたようなニュアンスも加える。

原型の制作

1 関節・接続部の装飾

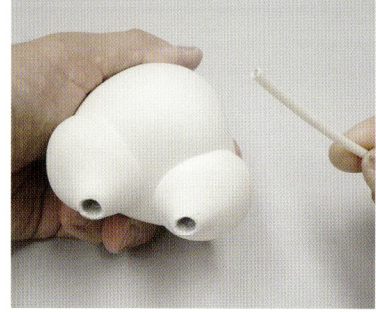 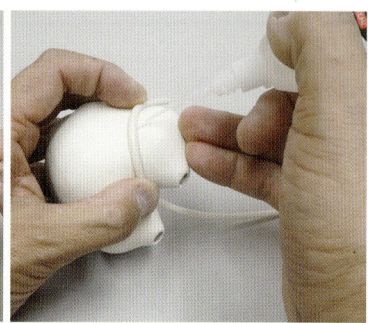

1 電気配線用のケーブル（VA線）の中身を抜いたものを用意。太ももの付け根部分に巻き付け、瞬間接着剤で固定する。

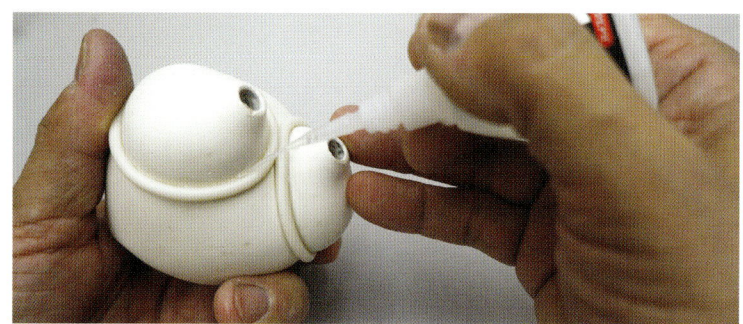

2 反対側の太ももにも巻き付けて接着。継ぎ目部分は太ももの内側に来るようにすると目立たなくなる。

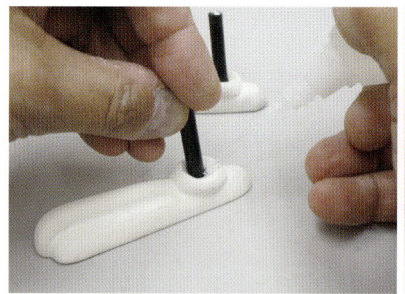
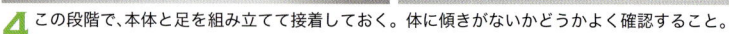

3 取り付けたケーブルに沿わせるように糸はんだを巻き付けて瞬間接着剤で固定。

4 この段階で、本体と足を組み立てて接着しておく。体に傾きがないかどうかよく確認すること。

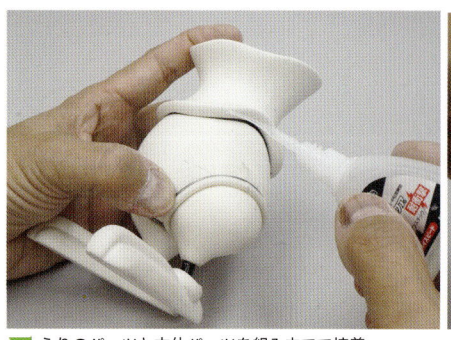 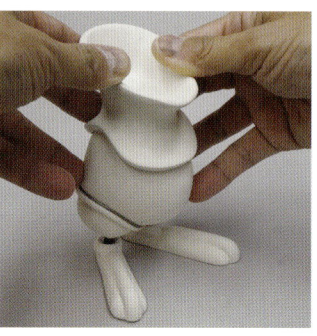 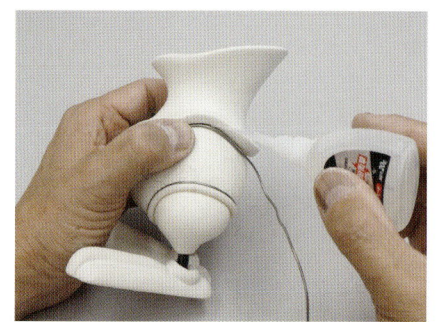

5 えりのパーツと本体パーツを組み立てて接着。

6 接続部分に糸はんだを這わせて接着し、パーツとパーツの継ぎ目を隠す。

2 コスチュームの造形

◉ 糸はんだでストライプをつくる

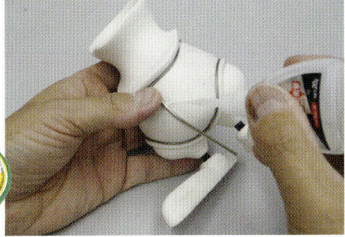
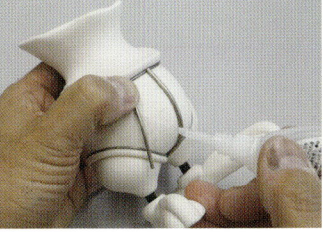
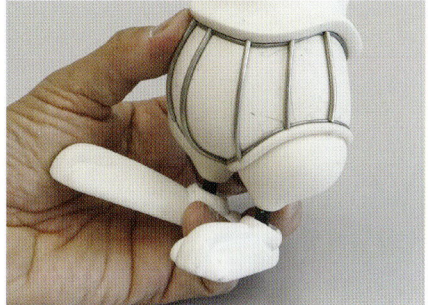

1 やや太い2mmの糸はんだを瞬間接着剤で貼り付けていき、ストライプをつくる。

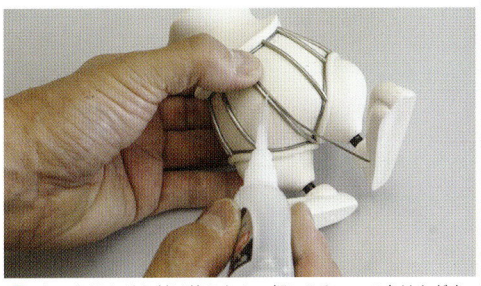
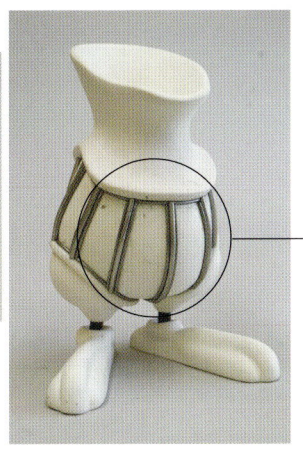

2 太い糸はんだを付け終えたら、細い1.2mmの糸はんだを
その両脇に付けていく。

◉ 鉛板でアクセントを加える

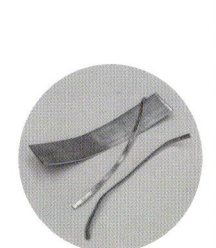

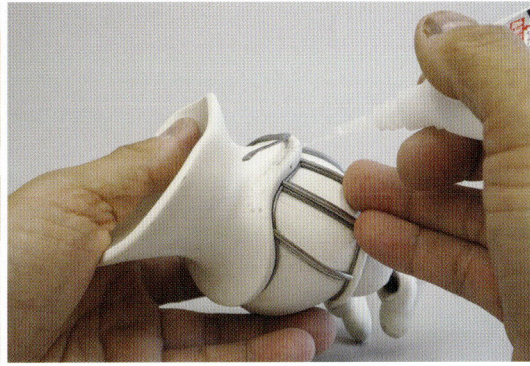

1 鉛板を細く切り、えりの下部分に巻き付けていく。少しずつ這わせながら、接着剤で固定していく。

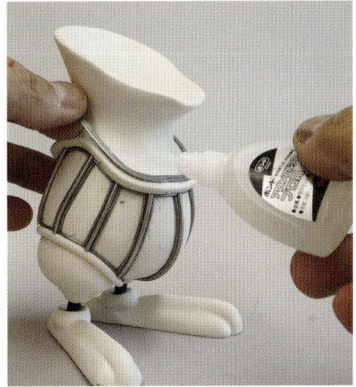
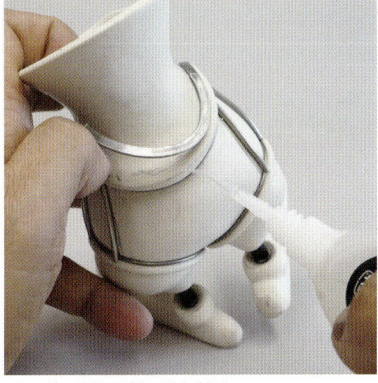
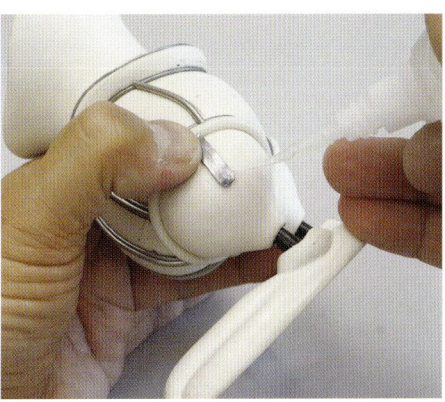

2 前側に鉛板を貼り終えたら、肩の位置でカット。後ろ側も同様に貼り付け
ていき、肩に継ぎ目が来るようにする。

3 両方の太ももにも短い鉛板を貼り付けてアクセントをプ
ラス。

● えりまわり、足首のディテールアップ

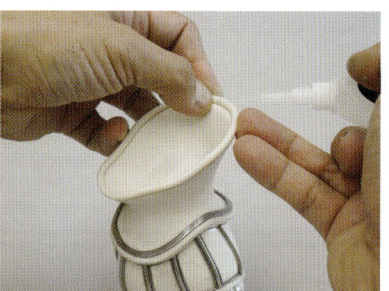

1 えりの部分にケーブルをぐるりと巻き付けて接着。

2 さらに糸はんだをケーブルの下に這わせて接着していく。

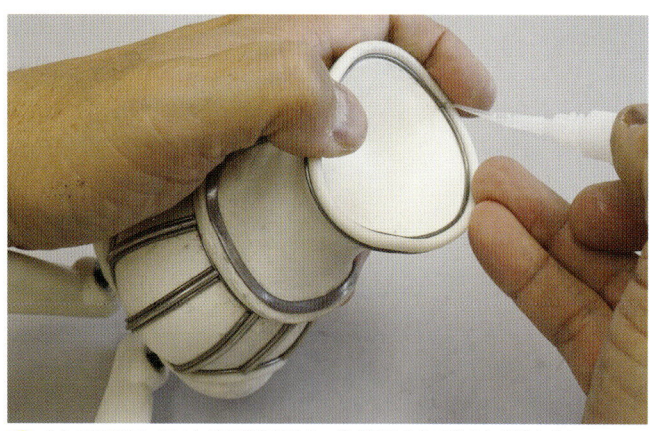
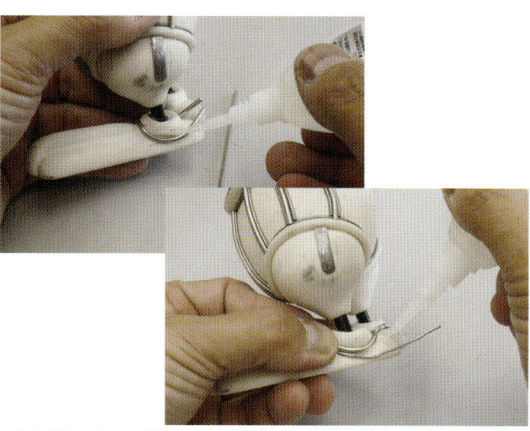

3 えりの内側にも糸はんだを貼り付ける。継ぎ目はえりの後ろに来るように。

4 足首に、太さの異なる糸はんだを二重に巻き付けて接着剤で固定。

● コイル状の装飾を加える

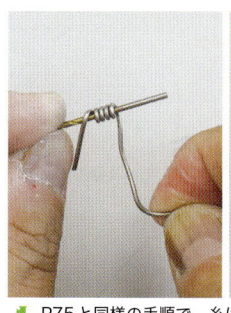
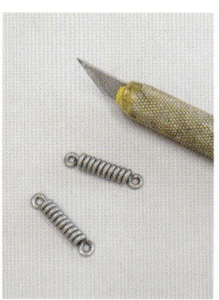
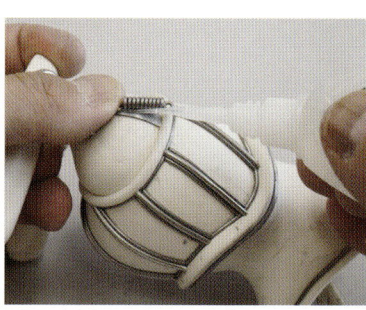
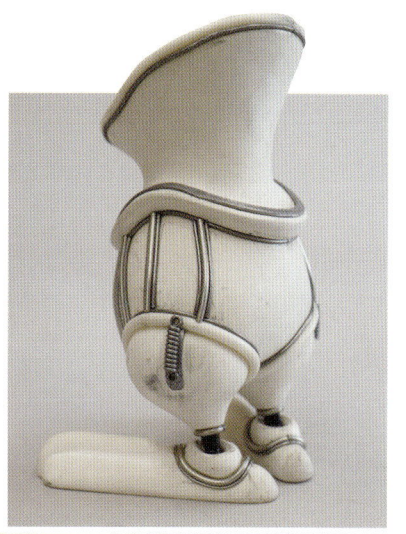

1 P75と同様の手順で、糸はんだのコイルパーツを作成。両足の太ももにそれぞれ取り付ける。

● リベット状の装飾を施す

1 P51と同様に、丸めたエポキシパテをパイプで押してリベット状の装飾を施す。えりや足先、背中にも加えていく。

③ 頭部の仕上げ

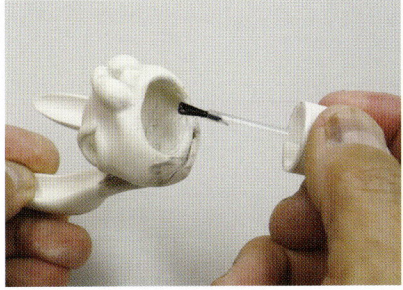 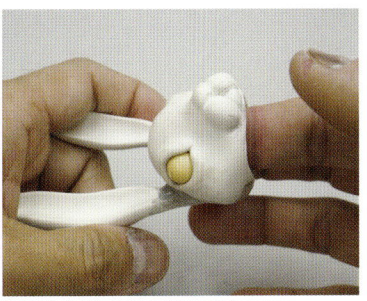 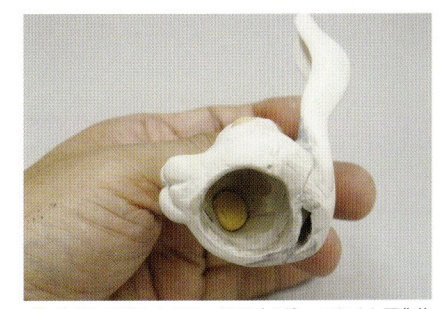

1 頭部パーツの内側に潤滑油を塗り、丸めたエポキシパテを内側から押し付けて目をつくる。

2 内側から見たところ。潤滑油を塗っておくと硬化後に取り外せるので、塗装がしやすくなる。

組み立て完了

頭部と耳のつなぎ目の溝が目立っていたため、ラッカーパテを塗り付けて布ヤスリで磨き、補修を行った（灰色の部分）。このほかにも気泡の穴やパーツの欠落などがないかよく確認し、適宜パテで埋めて仕上げる。

塗装から仕上げまで

1 チッピング（剥がし塗装）

ここでは整髪スプレーを使って塗装を剥がれやすくし、筆でこすって剥がす技法を選択する。

● 整髪スプレーで下準備を行う

1 サーフェイサーを吹き付けて乾燥させた後、GSIクレオス「Mr.カラー」のつや消しブラックとブラウンを混ぜ、エアブラシで下地塗りを行う。

2 十分に乾燥させた後、市販の整髪スプレーを全体に吹き付ける。ここでは花王「ケープ」の無香料タイプを使用。整髪スプレーを吹き付けると、上に塗る塗料が剥がれやすくなる。

● アクリルガッシュで塗装する

 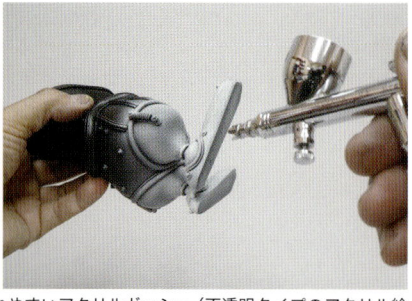 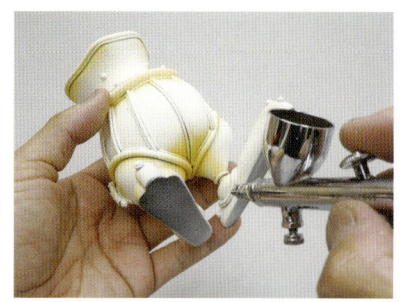

1 模型用塗料に比べて剥がれやすいアクリルガッシュ（不透明タイプのアクリル絵の具）で塗装する。ここではターナー「アクリルガッシュ」を使用。ホワイトとイエローオキサイドを混ぜ、水でよく薄めてエアブラシで塗装する。

2 最初はホワイト多めで全体を塗装し、溝部分はイエローオキサイドを多めにして重ね塗りしていく。

● 筆で塗装を剥がす

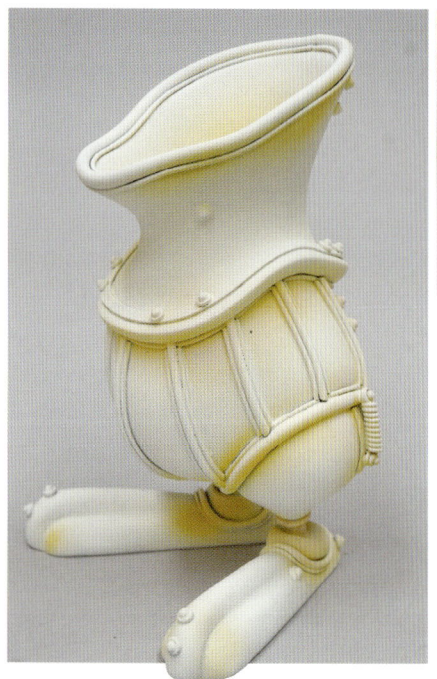 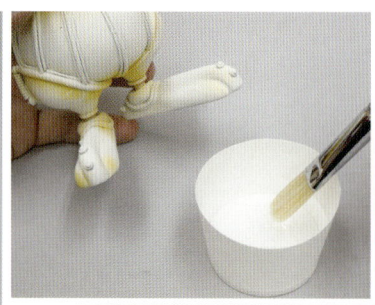 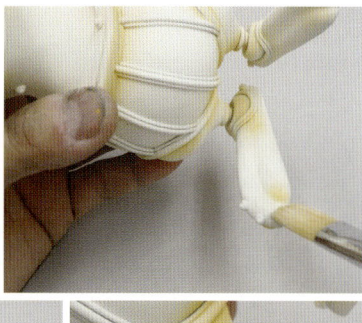  

1 アクリルガッシュでの塗装後、固い油絵用の筆に水を付け、塗装を剥がしたい部分をこする。整髪スプレーが水に溶け、アクリルガッシュが落ちて黒い下地が露出する。

2 同様の手順を繰り返して、ボディに朽ちたような質感を加えていく。全体のバランスを見て、剥がれが強い場所と弱い場所の強弱を付ける。

3 チッピングを終えたら、これ以上塗料が剥がれないように透明な塗料でコートする。ここではGSIクレオス「Mr.スーパークリアーつや消し」を使用。一度に厚く吹かず、薄く少しずつ吹き付ける。

2 ウォッシング（汚して拭き取る塗装）

● アクリル絵の具で汚してタオルで叩く

1 リキテックス「レギュラータイプ」で焦げ茶色をつくり、多めの水で溶いてボディに塗り付ける。

2 乾燥する前に、毛羽立ったタオルでトントンと叩いて余分な絵の具を取る。

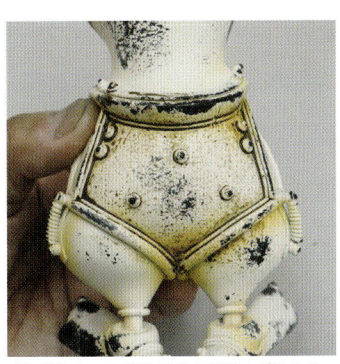

3 溝になった部分はあまり叩かず絵の具が残るようにし、乾燥させる。

4 ウォッシング前と後の比較。タオルで叩くことでざらっとした独特の質感が加わり、より朽ちた味わいが表現できる。

1 アクリルガッシュのレッドを多めにして、泥汚れのような色味を追加する。太もものコイル部分やボディ前面の溝部分、足先などに塗り、タオルで叩いて余分を取る。

2 ウォッシングを終えた状態。最後につや消しクリアーを吹き付け、全体のつや感をマットに統一する。

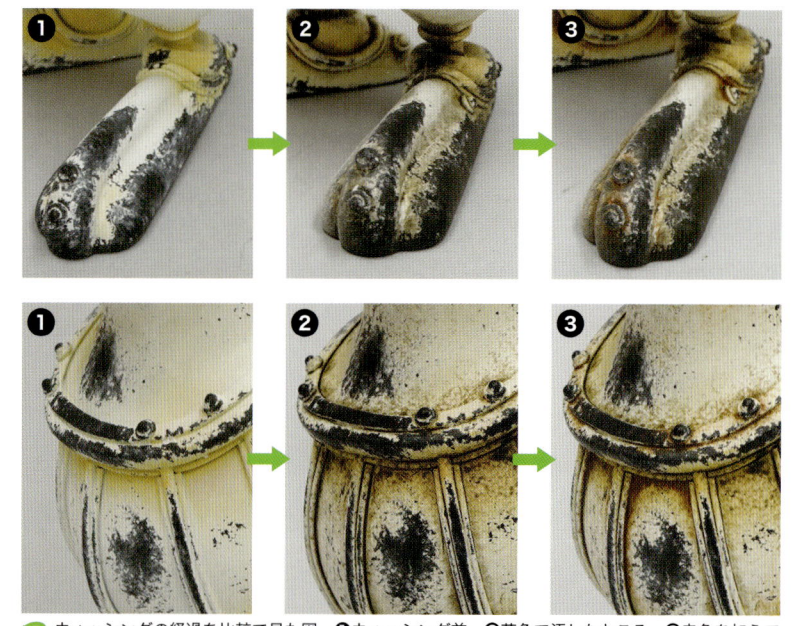

3 ウォッシングの経過を比較で見た図。❶ウォッシング前。❷茶色で汚したところ。❸赤色を加えてさらに汚したところ。全体のバランスを見ながら、少しずつ朽ちた味わいを加えていくのがコツ。

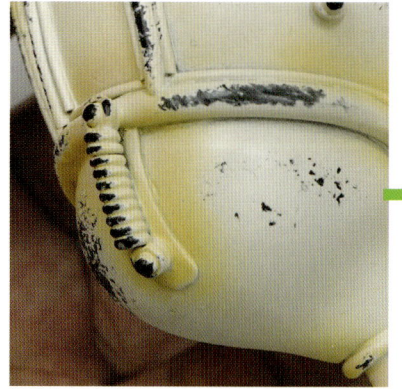 

4 ウォッシング前と後の、表面の質感を比較で見た図。ウォッシング前は、つるっとした軽い質感。アクリル絵の具で汚してタオルで叩くことで、長い時を経たような質感が加わっていることがわかる。

3 頭部の塗装

● 白で下地をつくり、肌を筆で塗る

1 肌の発色をよくするため、塗膜の強いラッカースプレーのつや消し白で下地塗りをする。

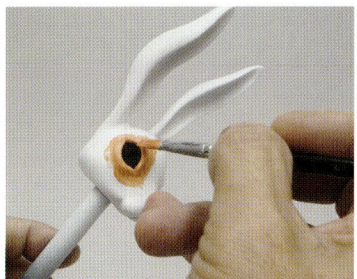 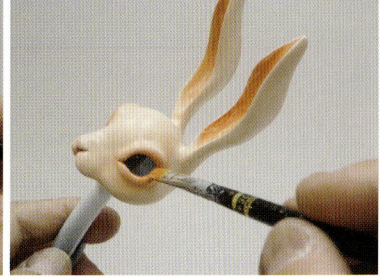

2 リキテックス「レギュラータイプ」で肌を筆塗りしていく。目の周りや口元の溝をやや濃い目に、グラデーションを付けて塗り進める。

3 筆塗りを終えたところ。このままではツルリとしてやや無機質な印象なので、皮膚にマットな質感を加えていくことにする。

● タオルで叩いて質感を出す

1 いったんつや消しクリアーでコートし、既に塗ったアクリル絵の具が落ちないようにする。

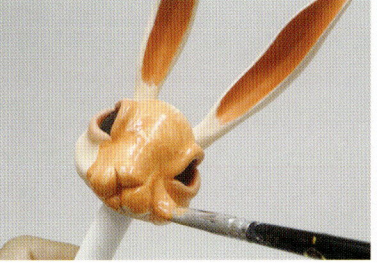

2 多めの水で希釈したアクリル絵の具を塗り、乾く前にタオルで叩いていく。

3 ツルリとした感じがなくなり、生物らしい柔らかなニュアンスが加わった。

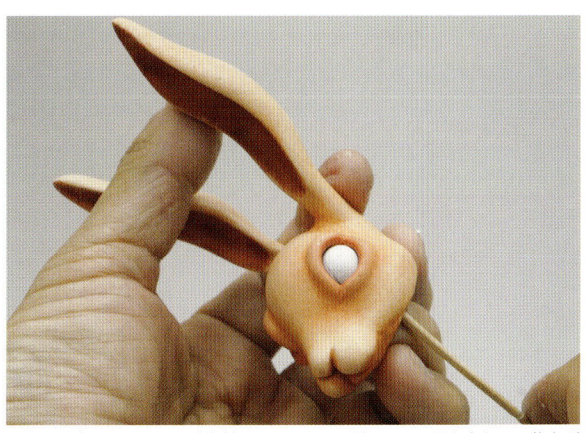

4 つや消しクリアーを吹き付けてコートし、別パーツの目を合わせて仕上げに移る。

● 光沢ある瞳をつくる

1 ラッカースプレーのつや消し白で塗った瞳を頭部パーツに合わせる。きちんとはまることを確認したら、アクリル絵の具で赤い瞳と黒目を塗る。

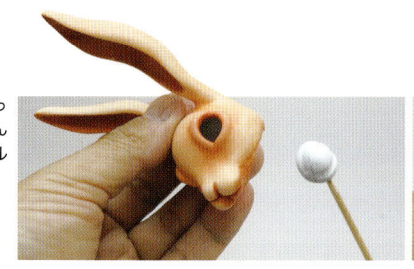

濁って見える

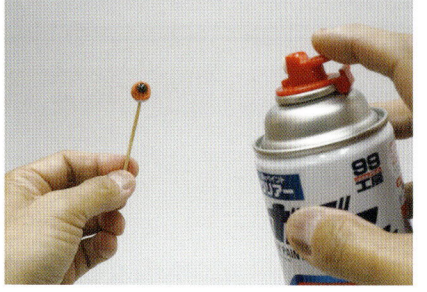

2 光沢タイプのクリアースプレーを吹き付ける。ここではソフト99「ボデーペン　クリアー」を使用。

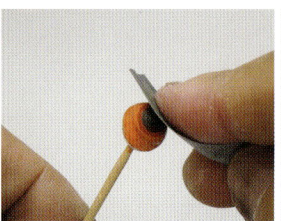

3 光沢は出ているが、表面がデコボコしているため瞳が濁って見える。そこで1000番の耐水ペーパー（水は付けない）を使い、表面をなめらかにする。

粗目
細目
仕上げ目

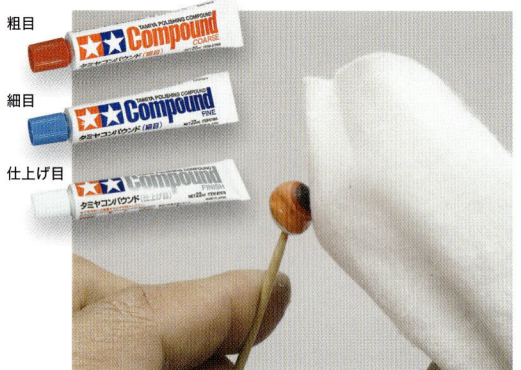

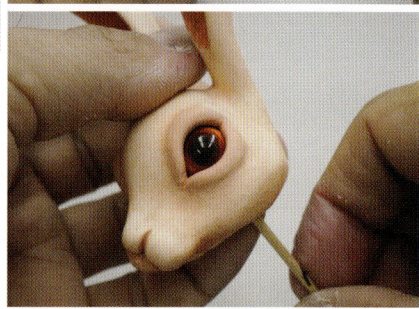

4 表面をつややかにするコンパウンド（研磨用ペースト）を柔らかい布に付け、表面を磨く。ここではタミヤ「コンパウンド」3種を使用。粗目、細目、仕上げ目の順で付けて磨く。

5 磨き終えたところ。瞳に映り込んだ光が、ゆがみなくシャープになっていることがわかる。頭部パーツにはめ込み、瞬間接着剤で固定。

● 頭部をボディに合わせる

1 目を合わせたところで少し時間を置き、イメージ通りの表情になっているか確認する。特に目はウサギの表情を左右する重要なパーツなので、違和感を覚えたらこの時点でつくり直す（頭部をボディに合わせた後だと修正が利かないため）。

2 頭部が納得いく仕上がりになったら、瞬間接着剤でボディに固定する。

完成

「包まれるような温かさ、安心感」を表現した本作。あえてウサギの手を省略することで、繭のような丸っこさ、優しい雰囲気を強調している。一方で、ウサギの表情はかわいくなりすぎないよう意識。ボディにも朽ちた質感を加え、愛らしさだけでない、少し毒を含んだ作風に仕上げている。

[COCOON]
Nomal Type
W130×D150×H200mm　2018 年

潜水服姿のウサギをつくる

複製を使って、今度は潜水服に身を包んだウサギを作成します。潜水服の重厚さを表現するために、太いビニールチューブなどを使って大きめの装飾を加えます。

▲イメージスケッチ
金属製のレトロな潜水服を着込み、深海探査に出発するウサギ。空気を供給するホースをつなぐため、大きな接続パーツが付いている。

原型の制作

1 潜水服の大きなディテール造形

● 太いチューブで接続部を飾る

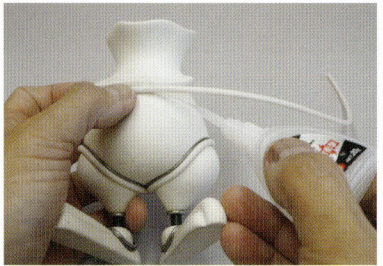
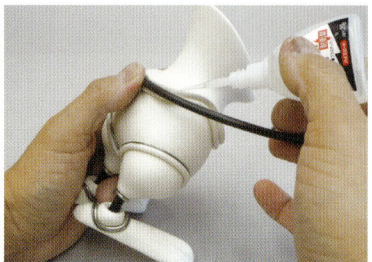

1 ノーマルタイプと同様の手順で太ももと足首のディテールをつくった後、えりとボディの接続部にチューブを接着。さらに太いチューブを上に重ね付けする。

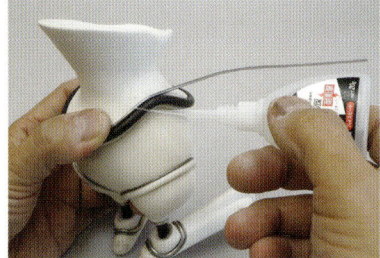
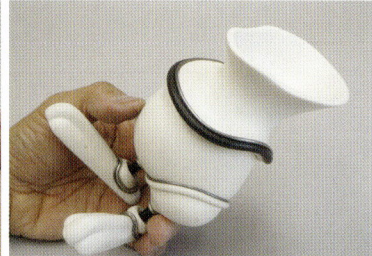

2 チューブと本体の間に糸はんだを付ける。チューブ2本と糸はんだの重ね付けで、より重厚なディテールが表現できた。チューブの継ぎ目は紙ヤスリで整えて段差を少なくする。

● 太ももを糸はんだで装飾する

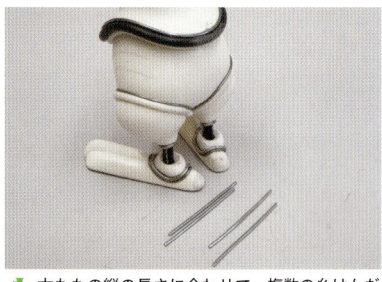
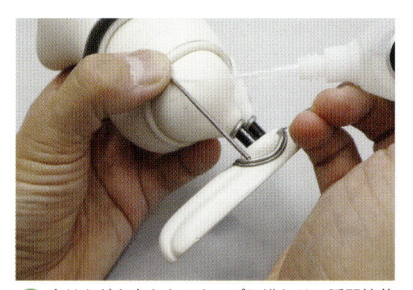
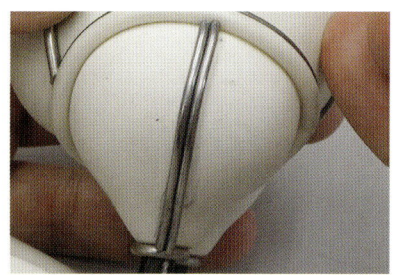

1 太ももの縦の長さに合わせて、複数の糸はんだを切り出す。

2 糸はんだを太もものカーブに沿わせて瞬間接着剤で固定する。

3 太ももクローズアップ。2本の糸はんだを並べて付けることで、より重厚な印象が増す。

● 鉛板で帯状の装飾を加える

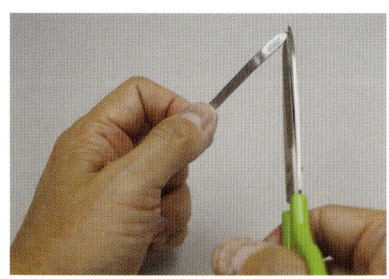
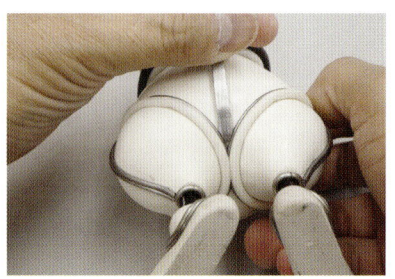
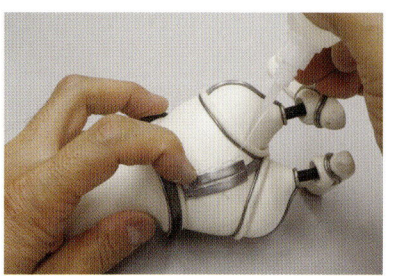

1 鉛板を帯状に切り出し、先の部分を山型にカットする。

2 山型の部分を足と足の間に合わせ、短く切って接着剤で固定。

3 短冊状に切った鉛板を2枚並べて上部に貼り付ける。

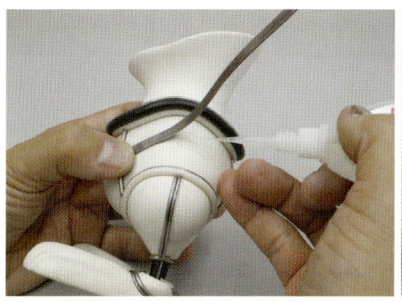

4 帯状の鉛板を、ボディをぐるりと巻くように取り付ける。

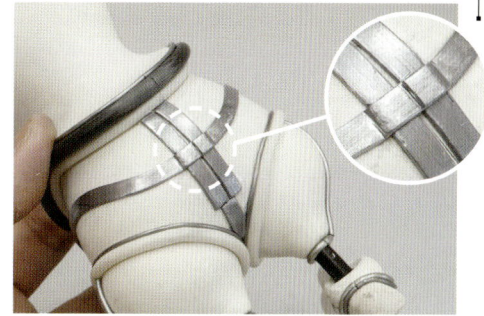

5 縦の鉛板と重なる部分ができる。段差の部分はアクリル板の角などで押して定着させるとよい。

② 潜水服の細部の造形

● 背面の装飾をつくり込む

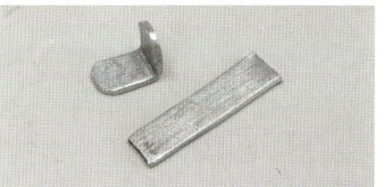

1 ごく細いビニールチューブを切り出し、チューブの幅に合わせて鉛板の短冊も切り出す。短冊は角を丸くして曲げておく。

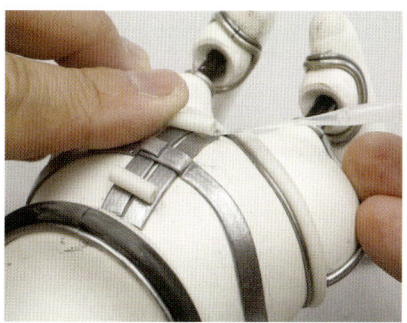

2 ボディ背面にビニールチューブの装飾を加え、その両脇に曲げた短冊を取り付ける。

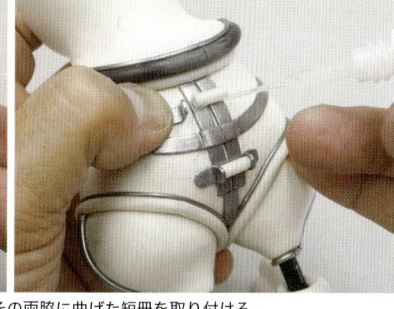

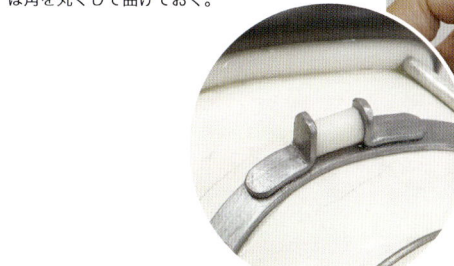

3 装飾部分のアップ。かんぬき金具をイメージさせるような出っ張りが加わった。

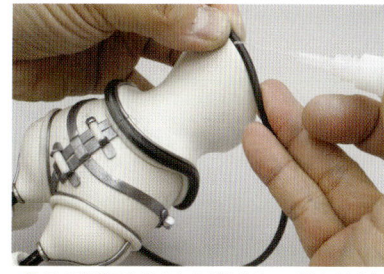

4 この段階でえりまわりがややシンプルに見えたため、えりにも太いチューブと糸はんだの装飾を加えておく。

● 吸気・排気パーツの取り付け

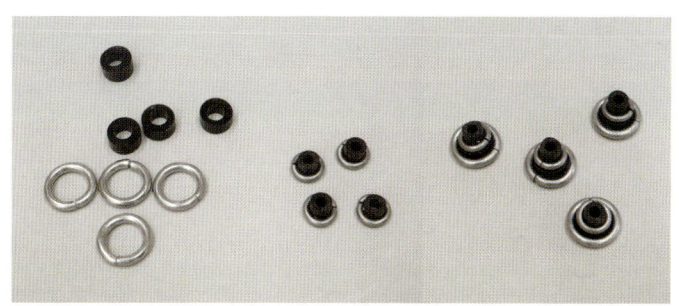

1 P43と同様の手順で、チューブを積み重ねたパーツを作成。大きなものは潜水服に空気を取り入れる吸気口、小さなものは排気バルブのイメージ。

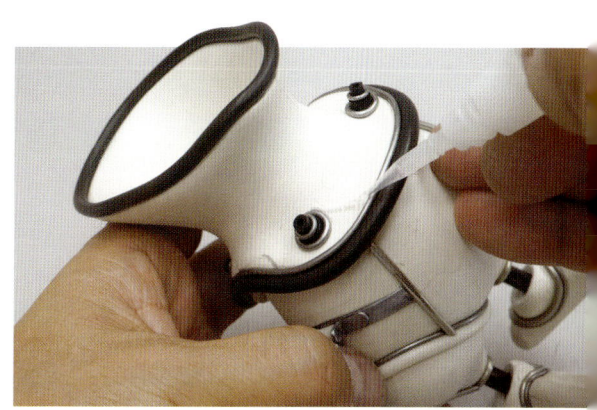

2 小さな排気パーツを、えりの下に接着剤で取り付けていく。

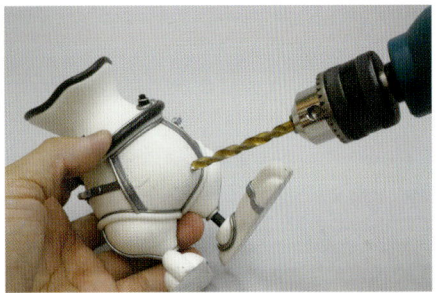

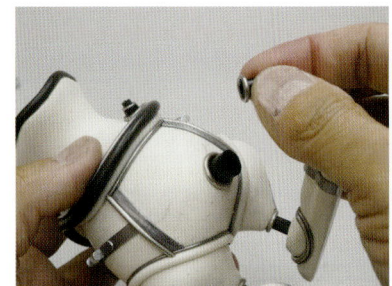

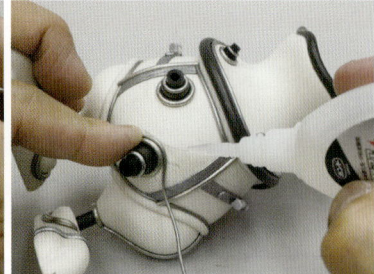

3 大きな吸気口は接着剤だけで付けると強度が足りないので、ボディにドリルで穴を開け、アルミ棒を通して接着する。

4 さらに小さなパーツを積み重ね、ボディとの接続部分に糸はんだを二重に巻いて存在感を出す。

③ 仕上げのディテールアップ

● えりまわりを仕上げる

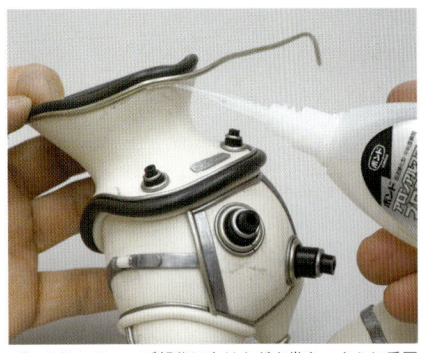

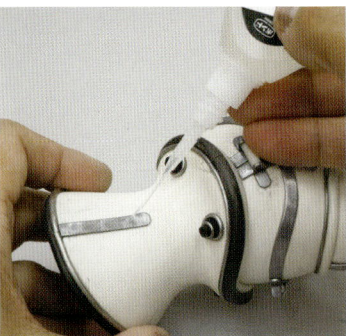

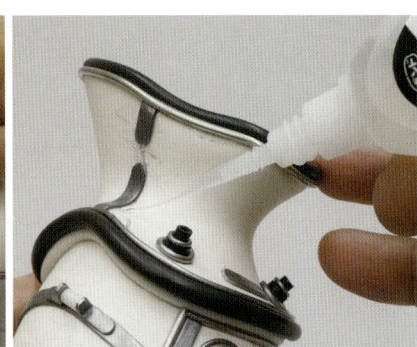

1 えりのチューブ部分に糸はんだを巻き、さらに重厚感を強調。

2 えりの後ろ、両脇に帯状の鉛板でアクセントを付ける。

● 足に装飾を加え、コイルを取り付ける

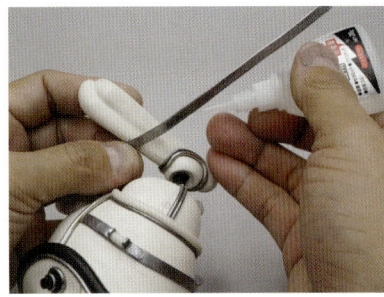

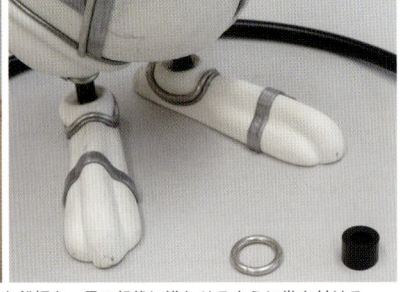

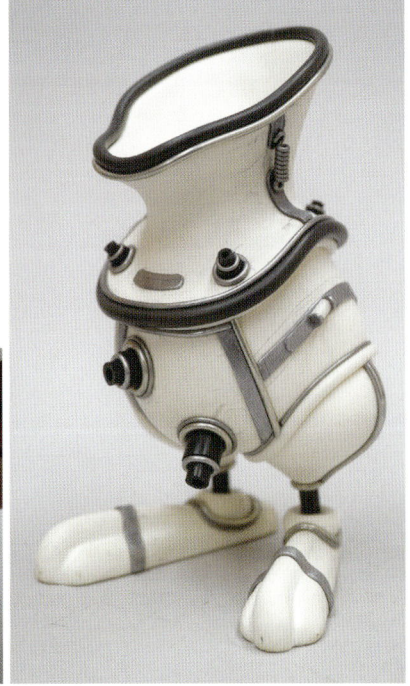

1 足にベルト状の装飾を加える。細長く切り出した鉛板を、足の起伏に沿わせるように巻き付ける。

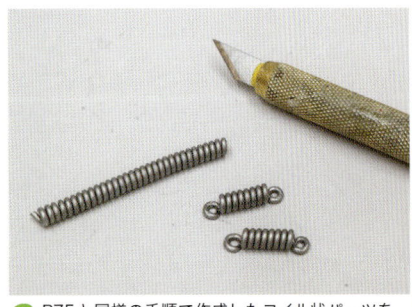

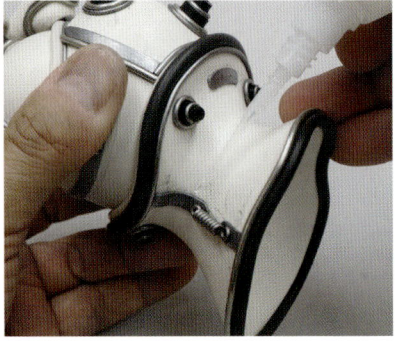

2 P75と同様の手順で作成したコイル状パーツを、えりの横部分に取り付ける。

● リベット状の装飾を加える

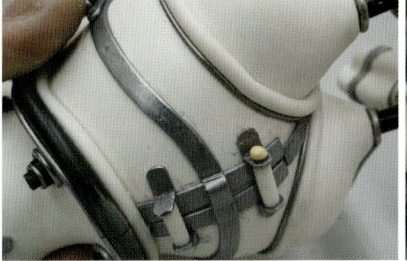 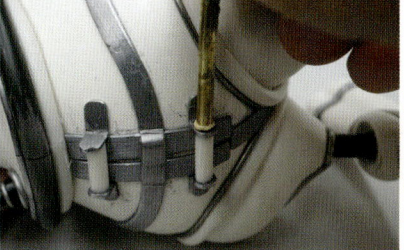 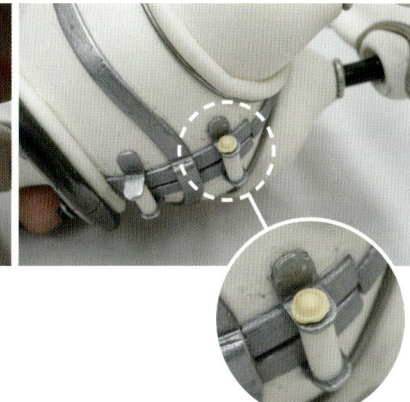

1 P51と同様にエポキシパテを丸め、パイプを押し付けてリベット状の装飾を加えていく。

組み立て完了

太いビニールチューブを使った装飾によって、ノーマルタイプとは異なる武骨さが現れている。サーフェイサーを吹き付けて下地処理をし、塗装に移る。

塗装から仕上げまで

1 ベースの塗装

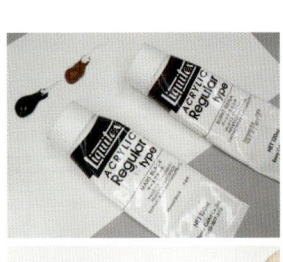

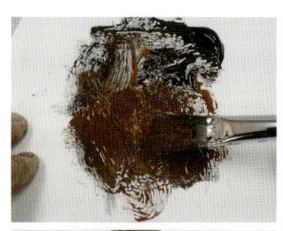

1 「Mr.カラー」のつや消しブラックをエアブラシで吹き付け（ラッカー系缶スプレーでもよい）、乾燥させた後にリキテックス「レギュラータイプ」で塗り進めていく。

2 茶色を明るくして重ね塗りをし、溝部分に濃い色が残るように塗り進める。

3 赤みがかった茶色を、毛先が固い筆でこすり付けるように塗り、古びた質感を出す。

4 アクリル絵の具のゴールドを少量ずつ、こすり付けるようにして塗る。特に出っ張った部分（光が当たる部分）にゴールドを強めに塗る。最後に半光沢のクリアー塗料でコート。

2 錆汚れの表現

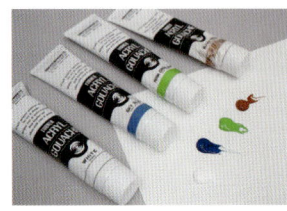

ここでは、特にブロンズ像や銅製品に発生する緑青（緑色の錆）を表現する。

1 ターナー「アクリルガッシュ」でやや濁った緑色をつくり、錆ができそうな溝部分に塗り付ける。

2 十分に湿らせたタオルでポンポンと叩いて余分な絵の具を拭う。

3 乾燥させたところ。半光沢のクリアー塗料でコートして仕上げる。

完成

レトロな潜水服に身を包んだウサギの完成。ボディの重厚な金属表現に、緑色の錆が差し色の役割を果たしている。

[COCOON]
Diver
W130 × D150 × H200mm　2018 年

レーシングスーツのウサギをつくる

複製を使った3体目は、スピードレーサーを思わせるスーツに身を包んだウサギを制作します。グラマラスなスポーツカーのような、光沢仕上げの塗装がポイントです。

▶イメージスケッチ
前の2作品とはうって変わって、未来的なレーシングスーツに身を包んだウサギ。細く長い足にはスプリングを装着している。

原型の制作

1 スマートな脚部の造形

1 カラーワイヤー「自遊自在」を用意。中の芯材を抜き出し、ビニールチューブ部分を輪切りにする。P42と同じ要領で糸はんだのリングをつくる。

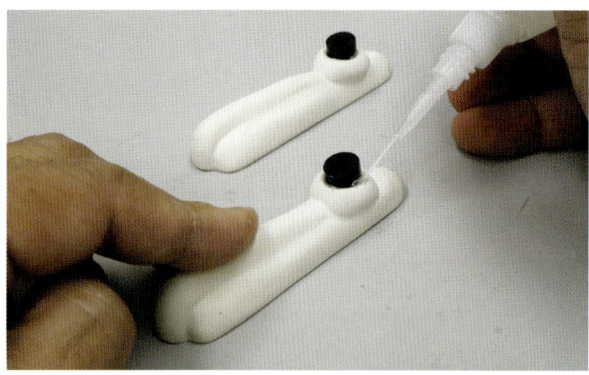

2 足首の部分にビニールチューブを瞬間接着剤で固定する。

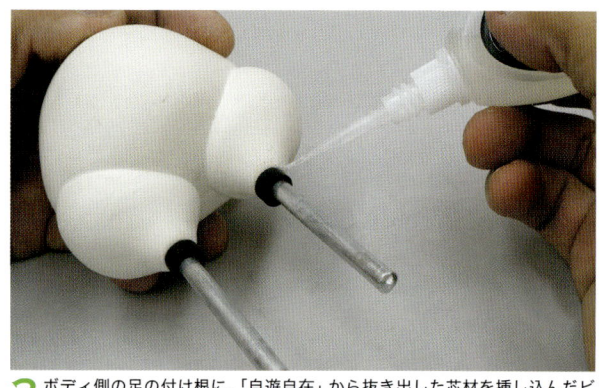

3 ボディ側の足の付け根に、「自遊自在」から抜き出した芯材を挿し込んだビニールチューブを固定する。

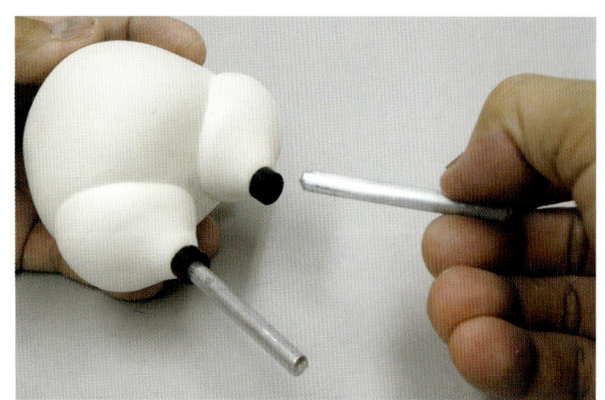

4 芯材は接着剤で固定せず、取り外しできるようにしておく(制作を進めながら組み立ててバランスを見たり、外して作業の邪魔にならないようにしたりするため)。

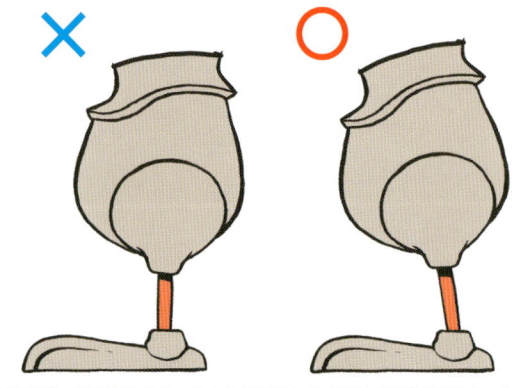

5 足先パーツを取り付け、立たせてバランスを見る(まだ接着しない)。ウサギの体が後ろに反り返って見えないよう、芯材とビニールチューブの角度を調節する。

② 装飾の追加と組み立て

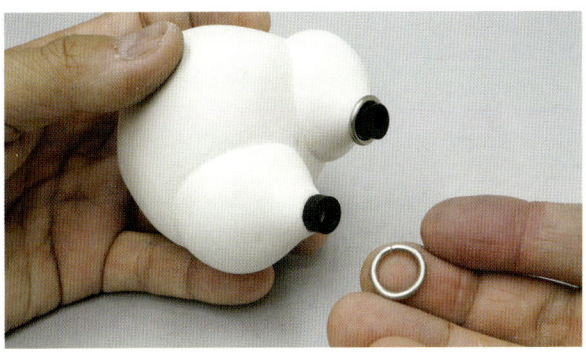

1 ボディ側の足の付け根に、糸はんだのリングを取り付ける。

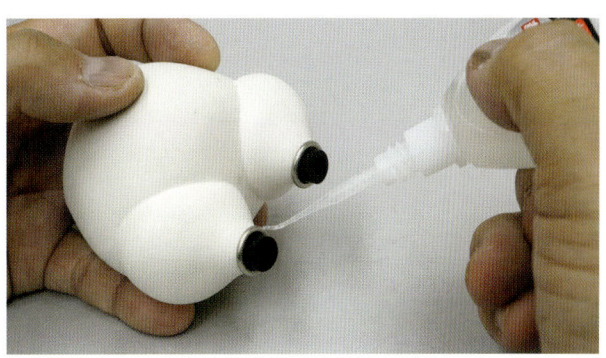

2 リングのすき間に瞬間接着剤を流し込む。

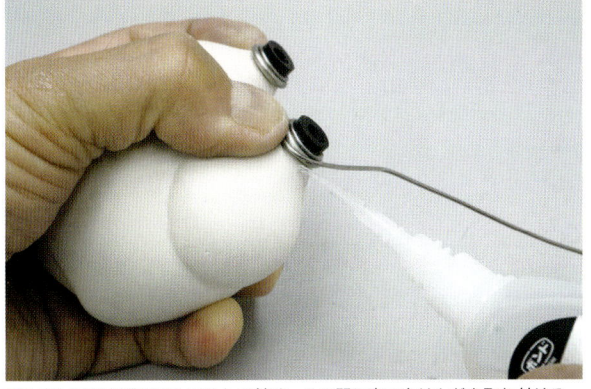

3 少し間隔を開けてもうひとつ付け、その間に太い糸はんだを取り付ける。

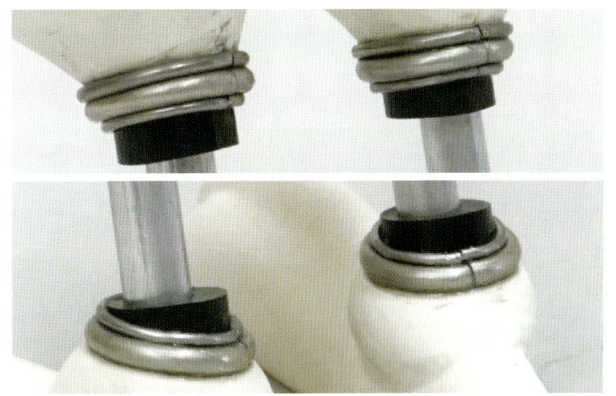

4 ボディ側の足の付け根と足首のクローズアップ。上は糸はんだが三重、下は二重と変化を付けてある。

組み立て完了

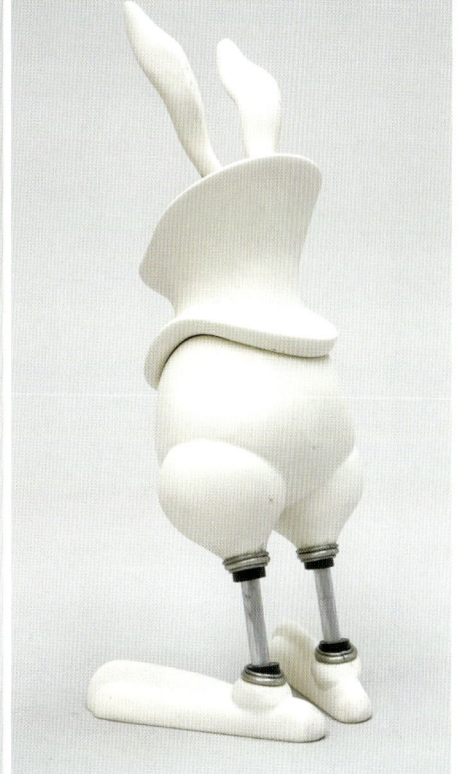

えりと頭部を接着剤を付けずに仮組み。前の2作品と同じ複製パーツを使っているが、脚部を長くすることでシルエットに大きな変化が生まれた。

塗装から仕上げまで

① ベースの塗装

1 サーフェイサーを吹き付けて乾燥させた後、アクリル絵の具をエアブラシで全体に塗布する。

2 ボディは仕上がりの発色をよくするため、いったん白のラッカースプレーを吹き付けた後、赤のアクリル絵の具を吹き付ける。

3 えりのパーツに、つやありのクリアー塗料を吹き付けてコートする。ここではソフト99「ボデーペン　クリアー」を使用。

② デカールの貼り付けと研磨

● デカールを水にひたして貼る

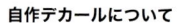

自作デカールについて
家庭用プリンタで好きな図案を印刷できる自作デカールキットが市販されている。ただし、白い文字やイラストのデカールを作成したい場合、白色印刷ができる特殊なプリンタ（マイクロドライプリンタなど）が必要。プリンタを用意するのが難しい場合は、市販のアルファベットデカールを組み合わせて使うとよい。

1 デカールとは、文字やイラストの装飾ができるシートのこと。ここでは、マイクロドライプリンタで自作したデカールを用意。

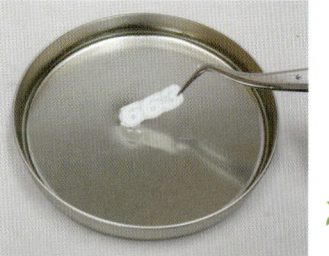

2 ピンセットでつまんで水にひたしてから貼りたい場所に置き、下の台紙を引き抜く。

3 綿棒で押さえて余分な水分を取り、気泡を追い出してシワをなくす。

デカールがうまく密着しない場合
曲面にデカールがぴったりと密着しないときは、デカールの軟化剤「マークソフター」を上から塗って綿棒で押さえるとよい。より強固に接着できる「マークセッター」を、あらかじめ貼る面に塗っておく方法もある。

● 耐水ペーパーで表面を研磨する

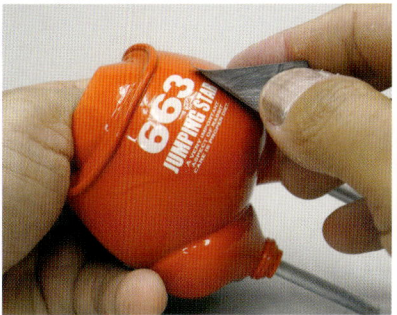

1 デカールを貼って乾燥させたら、つやありのクリアー塗料でコートする。薄く吹き付けて乾燥を5回ほど繰り返してクリアー塗料の層を厚くする。

2 よく乾燥させた後、1000番の耐水ペーパー（水は付けない）で表面を研磨し、デカールの段差と塗装面を平滑にする。

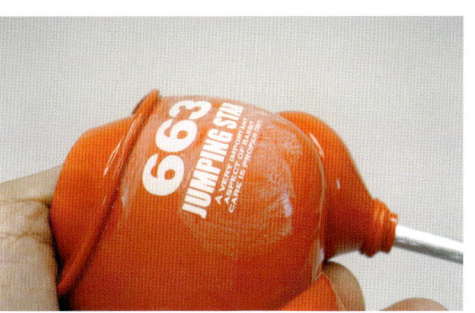

3 研磨を終えたところ。いったんマットな表面になるが、コンパウンドで磨くと光沢が戻る。

4 えりパーツも耐水ペーパーでよく磨いておく。

● コンパウンドで磨いて光沢を出す

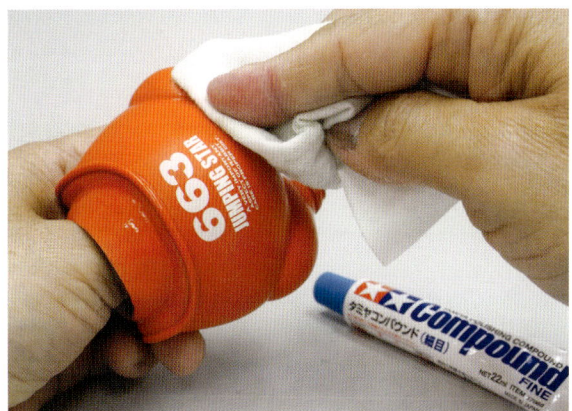

1 コンパウンドを粗目、細目、仕上げ目の順で付けてよく磨き、光沢を出す。同様の手順で、足もデカールを貼り付けて光沢仕上げにする。

③ 細部の塗装〜組み立て

● マスキングして細部を塗る

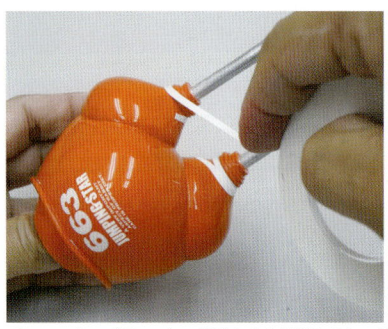

1 マスキングテープで、塗料を吹き付けたくない部分をカバーしてからアクリル絵の具を吹き付ける。

2 よく乾燥させた後でマスキングテープを剥がすと、きれいな塗り分けができる。

● 足のスプリングを塗る

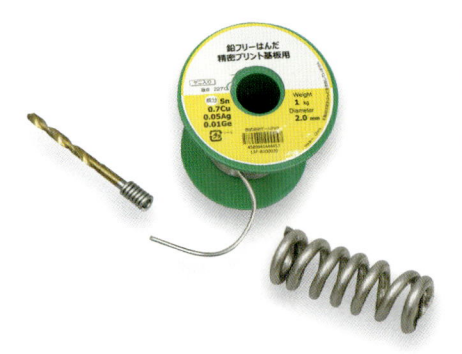
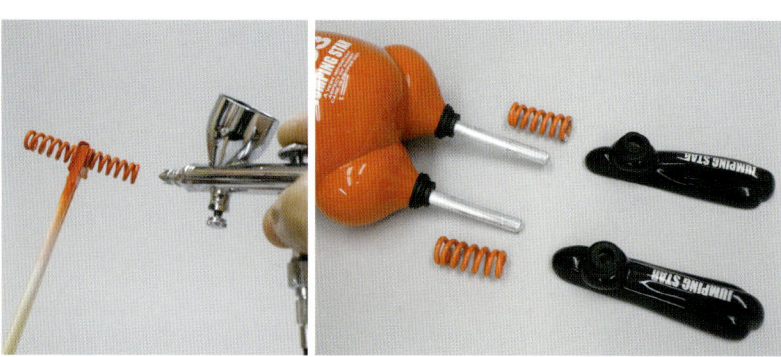

1 P75と同様の手順でコイル状パーツをつくり、少し引き延ばして跳ねそうな印象を強調する。

2 下地塗料「ボデーペン　プラサフ」を吹いた後、アクリル絵の具を吹き付ける。乾燥後にクリアー塗料でコート。

● 足・ボディ・頭部を組み立てる

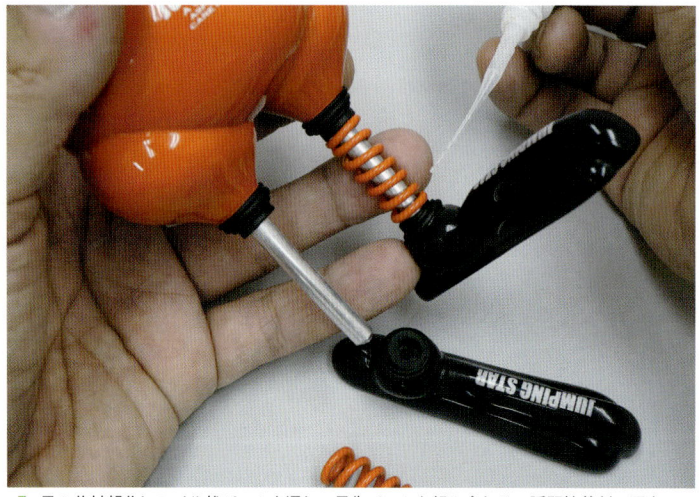

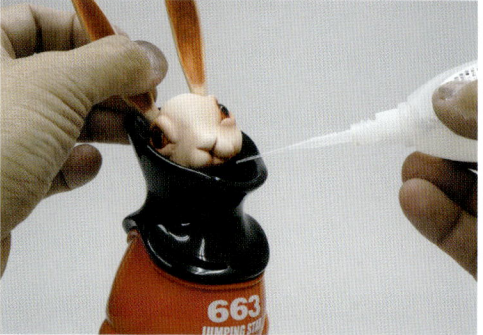

1 足の芯材部分にコイル状パーツを通し、足先パーツも組み合わせて瞬間接着剤で固定。

2 えりパーツ、頭部パーツも瞬間接着剤で固定する。

完成

足にスプリングを装着し、どこまでも高く跳び跳ねるウサギ「ジャンピングスター」。胸元には、競技会をイメージさせるナンバーが。ジャンプの高さ世界一を競う大会に出場するのかもしれない。

[COCOON]
Jumping Star
W130 × D150 × H230mm　2018 年

レジン複製の金魚を組み立てる

前項では石膏を使った型取りを紹介しましたが、シリコン素材を使った型取り方法もあります。シリコン型は柔軟性があり、より精密な複製ができる利点があります。ここでは、シリコン型にレジン（樹脂）を流し込んで複製した金魚の組み立てを行います。

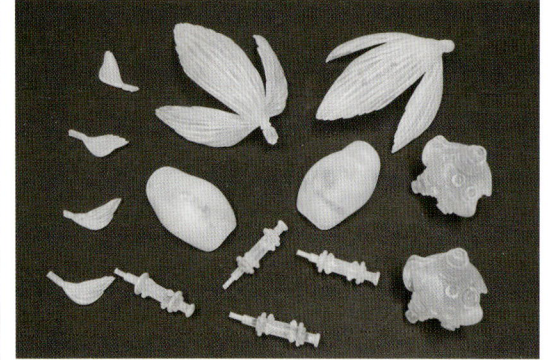

▲原型をつくり、クリアータイプのレジンで複製したもの。原型をより精密に複製するため、今回は専門業者に依頼した（P132）。

▲イメージスケッチ
カラフルでポップな印象と、金魚の持つ涼やかさの融合を目指した作品。ひれに透明感を出すため、クリアータイプのレジンで複製を行う。

複製パーツの組み立て

① 表面処理〜金属パーツの追加

● バリを取り、表面を整える

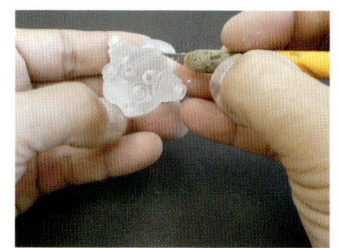

1 複製したばかりのパーツには、バリ（不要部分）が付いている。ニッパーやデザインナイフで不要な部分を取る。

2 型の合わせ目にできるパーティングラインを、耐水ペーパー（水は付けない）で磨いて見えなくする。

● 排気筒に金属の管を付ける

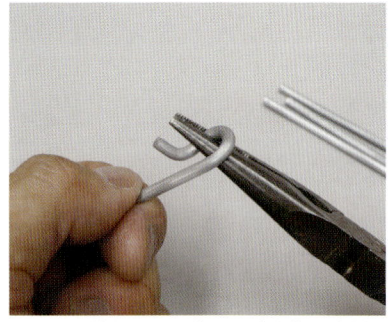
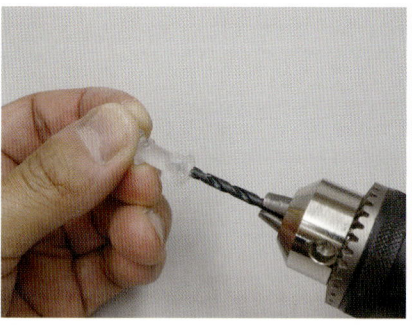

1 アルミ棒をペンチで曲げ、金魚本体と排気筒をつなぐ管をつくる。

2 排気筒パーツにドリルで穴を開け、アルミ棒を挿し込んで瞬間接着剤で固定。

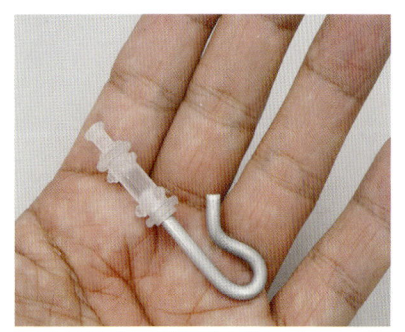
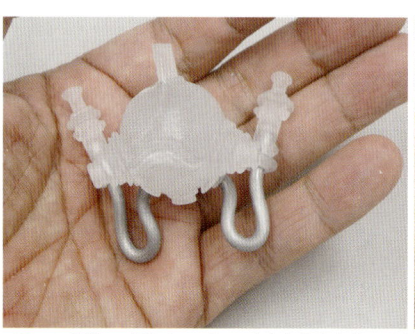

3 排気筒と金属の管をつないだところ。このパーツを2つつくり、金魚本体に接続する。

4 この段階で、尾ひれのパーツもきちんと本体にはまるか確認しておく（接着はしない）。

● 胸びれの接続部分を加工する

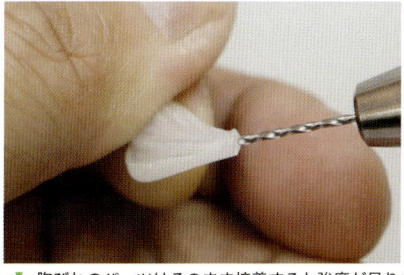 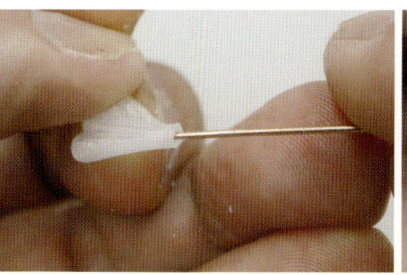 

1 胸びれのパーツはそのまま接着すると強度が足りないので、接続部分に銅線を挿し込む。ドリルで穴を開け、銅線を挿して瞬間接着剤で固定。

 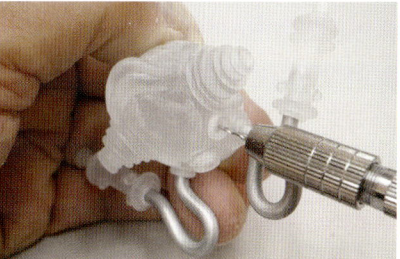 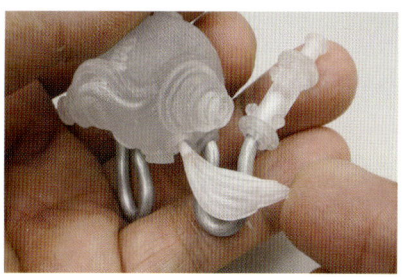

2 瞬間接着剤は、高圧ガス工業「シアノン」を使用。粘性があり、パテのように削って形を整えられる点が特徴。アルテコ「スプレープライマー」のような硬化促進剤を併用するとよい。耐水ペーパーで形を整え、本体に仮留め（まだ接着しない）。

● 尾ひれに装飾を加える

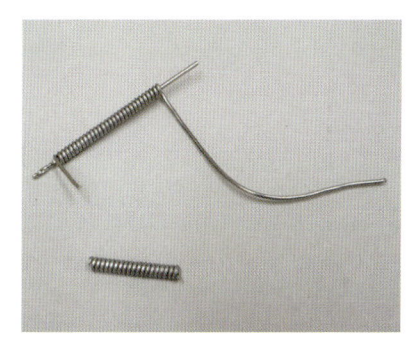 

1 P75と同様の手順で、糸はんだを使ってコイル状のパーツを作成する。

2 胸びれと同様に、本体との接続部分に銅線を挿し、コイル状パーツを接着する。

2 下地処理

● 不透明部分にのみサーフェイサーを吹く

 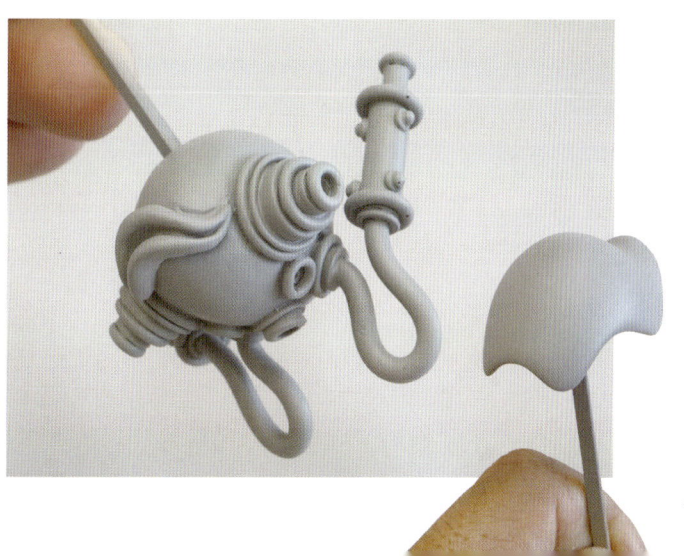

1 本体と排気筒、ヘルメット状の部分にのみサーフェイサーを吹き付ける。ひれ部分は、レジンの透明感を活かすため下地塗料を吹き付けずにおく。

塗装から仕上げまで

1 塗装〜デカール貼り

● 本体にベースの塗りを施す

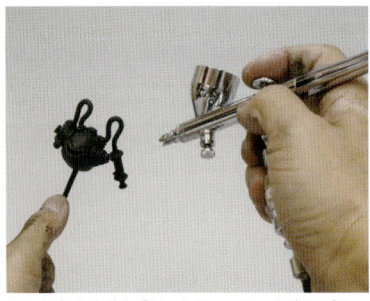

1 金魚の本体に「Mr.カラー」のつや消しブラックをエアブラシで吹き付け、乾燥させる。

2 リキテックス「レギュラータイプ」で焦げ茶色をつくり、穂先の短い筆でこすり付けるように塗っていく。

3 少しずつ明るい色味にして重ね塗りする。溝部分に濃い色が残るように。

4 最後にゴールドを、出っ張りの強い部分（光の当たりやすい部分）に塗り付けて金属の質感を出す。

● 経年表現を加える

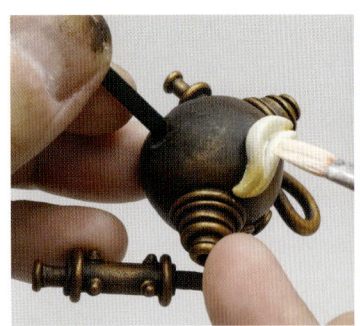

1 金魚の唇部分をリキテックス「レギュラータイプ」で乳白色に塗り、よく乾燥させる。その上に、同じリキテックスのアクリル絵の具を茶色に混色し、多めの水で溶いたものを塗る。

2 乾燥する前に、タオルで叩いて余分な絵の具を拭う。

3 乾燥した後に、ターナー「アクリルガッシュ」で塗装剥がれを描き加える。

● ひれに透明感ある塗りを施す

1 ひれ部分は透明感を出すために、サーフェイサーを吹き付けていないレジンパーツに「Mr.カラー」のクリアータイプを直接塗布する（アクリル絵の具は固着力が弱いため、レジンパーツへの直接塗布には向かない）。

2 クリアーオレンジ→クリアーレッド→焦げ茶色の順で重ね塗りし、美しいグラデーションをつくる。仕上げに透明のつや消しクリアーを吹き付ける。

● ヘルメット状の部分にデカールを貼る

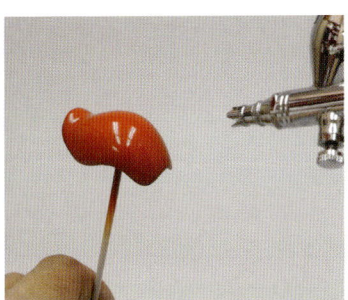

1 ヘルメット状の部分は、白のラッカースプレーを吹き付けた後にエアブラシで赤く塗る。先に白を吹き付けておくことで赤の発色がよくなる。

2 水貼りタイプの自作デカールを用意。

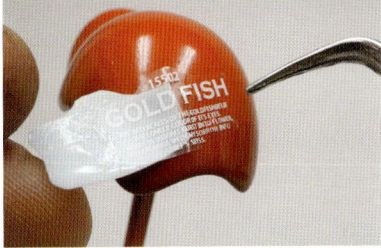

3 ピンセットでつまんで水にひたし、貼りたい部分に置く。下の台紙を引き抜き、密着させる。

4 貼り付け部分にデカールの軟化剤（P122参照）を塗ってしばらく置き、柔らかくなったら綿棒で押さえる。乾燥したらクリアー塗料でコートしておく。

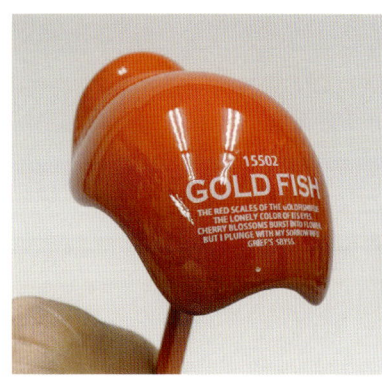
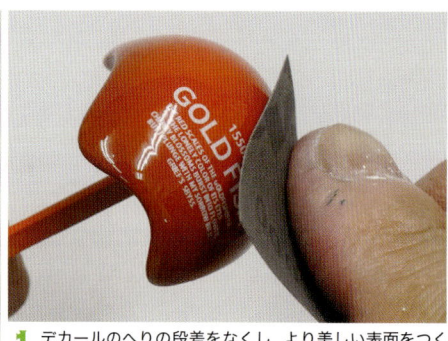

1 デカールのへりの段差をなくし、より美しい表面をつくる。1000番の耐水ペーパーでパーツの表面を磨く。

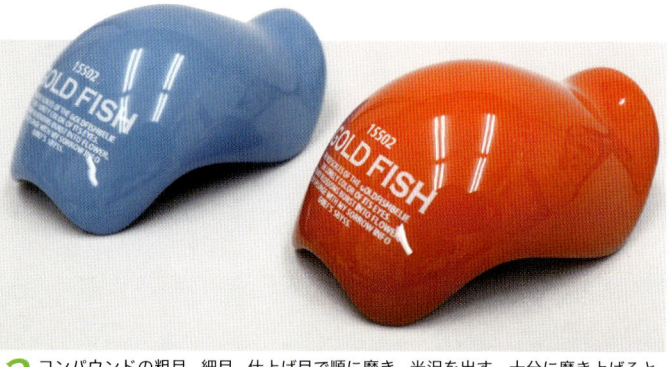

2 コンパウンドの粗目、細目、仕上げ目で順に磨き、光沢を出す。十分に磨き上げると、デカールの段差がほぼ見えず、映り込んだ光もゆがみなく美しくなる。

② 組み立て

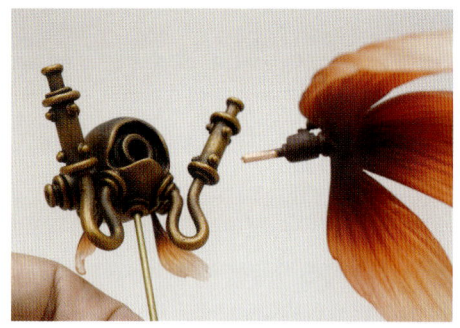

1 尾ひれと胸びれを本体に接続し、瞬間接着剤で固定する。

2 ホビー用グルーガンで頭部にグルー（接着できる樹脂）を乗せ、上にヘルメット状のパーツをかぶせる。グルーは熱いので、手が触れないように注意して作業する。

3 グルーが冷めたら接着完了。同様の手順で、青いヘルメットの金魚も作成する。

4 アクリル板と真鍮パイプを組み立て、展示台とする。

完成

カラフルで並べて楽しい金魚モチーフの作品の完成。鮮やかなキャンディーのような色使いで、眺めていてわくわくするような作品づくりを目指した。

[Goldfish]

W100 × D60 × H150mm　2018 年

COLUMN
専門業者による
レジン複製

P126〜131の作品は、シリコンで型を取り、レジン（樹脂）を流し込んで複製を行っている。石膏よりも型が丈夫で、たくさんの複製を作れるメリットがある。
反面、精度の高い複製を行うには大掛かりな設備が必要。今回は複製専門の業者に依頼して「真空注型法」による複製を行った。ここでは作業工程の概略を紹介する。

1 真空ポンプの付いた注型機の中で型取りを行い、気泡の無いシリコン型を制作する。

2 複製品を型から外れやすくするために、離型剤をスプレーする。

3 精度の高い複製品が仕上がるように、アルミ板でできた当て板でシリコン型を固定してから注型機に設置する。

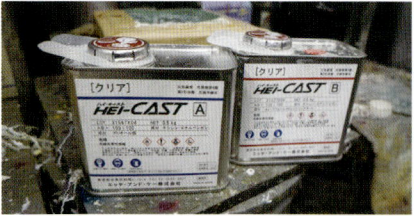

4 複製用のレジンは平泉洋行「ハイ-キャスト」を使用。この樹脂はA液とB液を混合することで硬化する。A液とB液を同量、精密はかりで計量する。

5 真空脱泡機の中で樹脂を撹拌し、注型作業を行う。減圧することで樹脂から気泡が抜け、常圧に戻すと樹脂がシリコン型の隅々に行き渡る。

A液

B液

撹拌した樹脂はここに注ぐ

型

6 50度前後に温めた恒温槽に入れて樹脂の硬化を待つ。

7 硬化したら当て板を外し、シリコン型から複製品を取り出す。

4 章

作品紹介

[Shoebill] ハシビロコウ

W200 × D170 × H500mm　2017 年

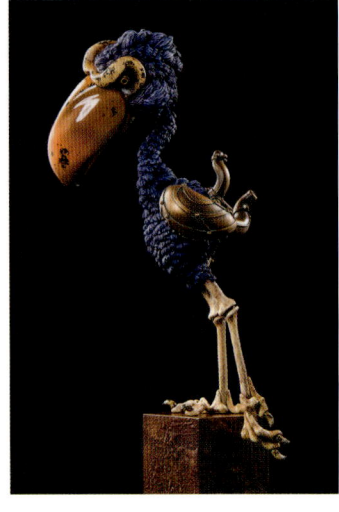

大きなくちばしと鋭い眼光が特徴的な鳥、ハシビロコウをモチーフにした作品。実際のハシビロコウにはない、ふわふわとした豊かな毛並みを持たせたらどうなるか……と空想しながら制作を進めた。樹脂粘土「スーパースカルピー」で毛並みの表現を加えている。

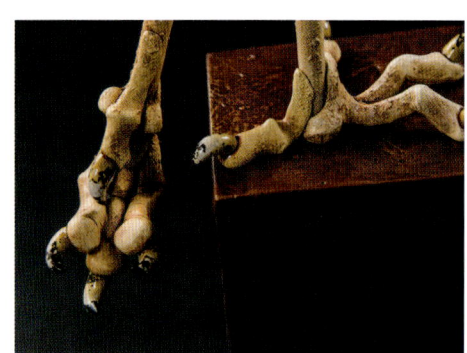

樹脂粘土での毛並みの表現方法

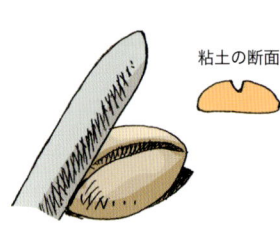

へら　　　樹脂粘土

粘土の断面

粘土の断面

①粘土をこねて涙型をつくる。

②ヘラを押し当ててへこみをつくる。

③さらにヘラを押し当ててへこみを増やす。

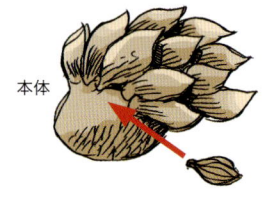

本体

④根元を指でつまんで絞る。
①〜④を繰り返す。

⑤ベースとなる粘土に根元を接着していき、毛並みの流れをつくる。ある程度付けたところで、オーブントースターで加熱する。

[Bat/Charge]

コウモリ

W500×D160×H140mm　2017 年
W320×D130×H300mm　2017 年

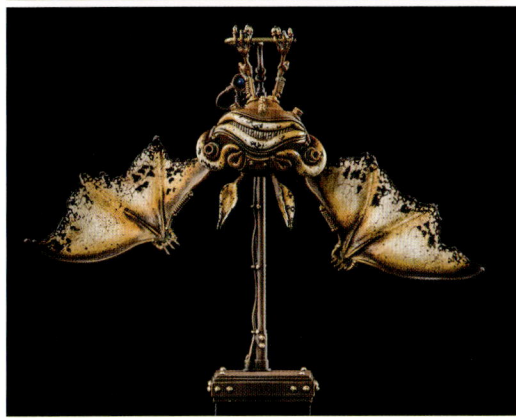

コウモリの体を省略し、顔を大きく見せることでユーモラスな印象を強調した作品。逆さを向いた「Charge」は、もしもコウモリが携帯電話のように充電して休んでいたら……という空想が創作の発端。足には、「充電完了」を思わせる青のランプがある。

石粉粘土での翼のつくり方

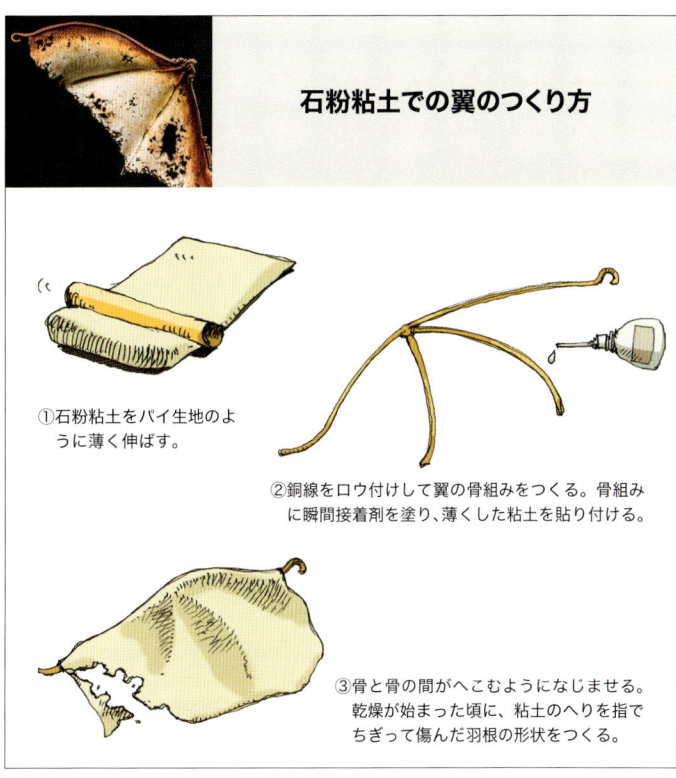

①石粉粘土をパイ生地のように薄く伸ばす。

②銅線をロウ付けして翼の骨組みをつくる。骨組みに瞬間接着剤を塗り、薄くした粘土を貼り付ける。

③骨と骨の間がへこむようになじませる。乾燥が始まった頃に、粘土のへりを指でちぎって傷んだ羽根の形状をつくる。

[Gallus gallus domesticus]

ニワトリ

W300×D150×H600mm　2017 年

作者が「一番かっこいい鳥」と思っているニワトリをモチーフにした作品。とさかと肉垂（あごの下に垂れている部分）を極端にデフォルメし、赤と白のコントラストが効いた作品に仕上げた。

パーツ分割について

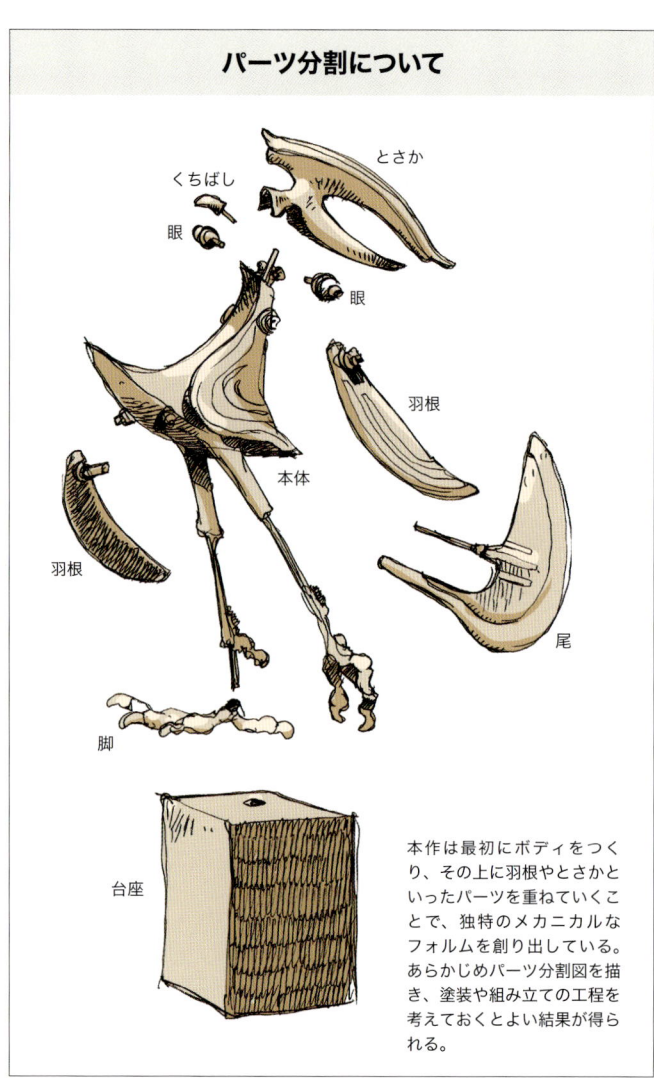

くちばし

眼

とさか

眼

羽根

本体

羽根

尾

脚

台座

本作は最初にボディをつくり、その上に羽根やとさかといったパーツを重ねていくことで、独特のメカニカルなフォルムを創り出している。あらかじめパーツ分割図を描き、塗装や組み立ての工程を考えておくとよい結果が得られる。

[Ural Owl]

フクロウ

W150 × D130 × H250mm　2018 年

フクロウをモチーフに、ゴーグルやシルクハットなど、スチームパンクの要素を加えた作品。

フクロウは肉食の猛禽類で、ウサギを食べることもあるという。そこから着想を得て、パイプのデザインをウサギにするなど、ダークなエッセンスを加えた。

首まわりの装飾について

首まわりはファー素材を使い、瀟洒な紳士の装いを演出。本体にグルーガンで接着し、頭部をはめこんで毛並みを整えている。

[Martian] タコ型の火星人

W240×D140×H320mm　2017 年

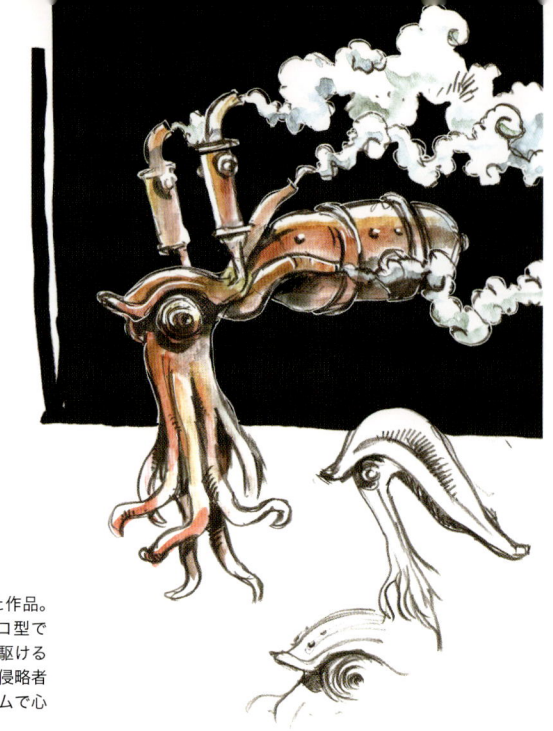

当初、タコをモチーフに制作を始めた作品。空想科学小説で描かれた火星人がタコ型であったことを思い出し、乾いた大地を駆ける火星人としてつくり上げた。恐ろしい侵略者というよりも、アンバランスなフォルムで心なごむ宇宙人のイメージ。

触手状の足のつくり方

①エポキシパテ（6 時間速硬化タイプ）を練り合わせる。

②10 分ほど待って固くなり始めたら、棒状に伸ばす。

③端を持ってもしならないくらいに硬化したら、足の形状に曲げる。

④複数本をランダムに曲げ、貼り付けていく。

アンバランスな造形の固定方法

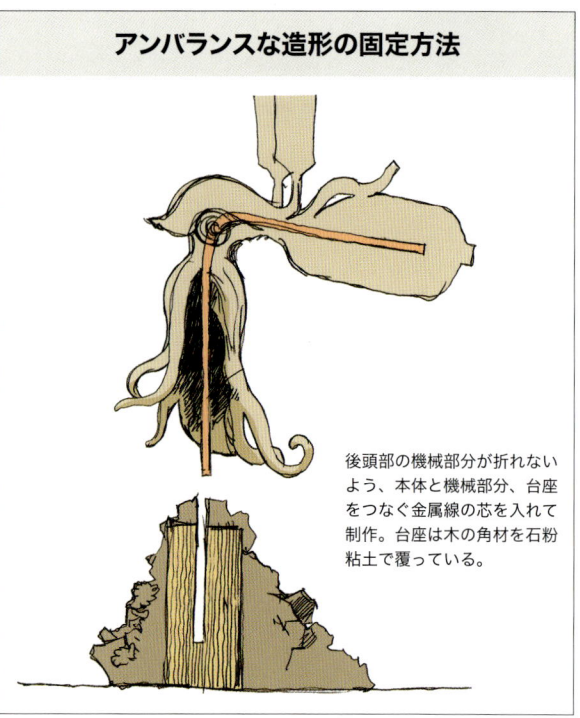

後頭部の機械部分が折れないよう、本体と機械部分、台座をつなぐ金属線の芯を入れて制作。台座は木の角材を石粉粘土で覆っている。

[Carassius auratus] 金魚

W230 × D380 × H300mm　2017 年

P126 〜 131 で制作した金魚が成長し、大きくなった姿。キャンディーのようにかわいらしかった金魚が、大人になって悠々と泳ぐさまをイメージ。頭部やひれを長く大きくし、金魚が持つ涼やかさ、優美さを表現した。

円を連ねたような目の部分は、太さの異なるビニールチューブを組み合わせ、糸はんだを貼り付けて制作している。4本の筒状のパーツにも、円を積み重ねたようなデザインを加えて統一感を持たせている。

［Bull］

雄牛

W120×D180×H270mm　2016 年

闘牛場で戦う雄牛がモチーフ。雄牛
が頭を下げて威嚇するときの顔つき
が気に入り、作品に取り入れた。一
方で、角は極端に形を変え作品全体
のフォルムのアクセントとした。け
して戦いには役立たないだろう向き
と形状がポイント。

ねじれた角の造形方法

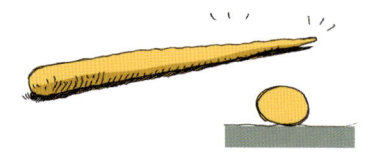

①石粉粘土を、先端が細い棒状に伸ばす。

②親指と人差し指で上部をつまみ、真っすぐ
に指を滑らせて角をつくる。

③木の棒に巻き付けて乾燥させる。

④乾燥後、木の棒を取りのぞいて完成。

[Kirin] 麒麟

W200 × D100 × H300mm　2016 年

中国の伝説上の生き物・麒麟がモチーフの作品。四本足で描かれることが多いが、あえて軽快な鳥をイメージさせる二本足で制作した。不安定なポーズを取らせることで、斜面を駆け降りている瞬間をとらえたような躍動感を表現している。

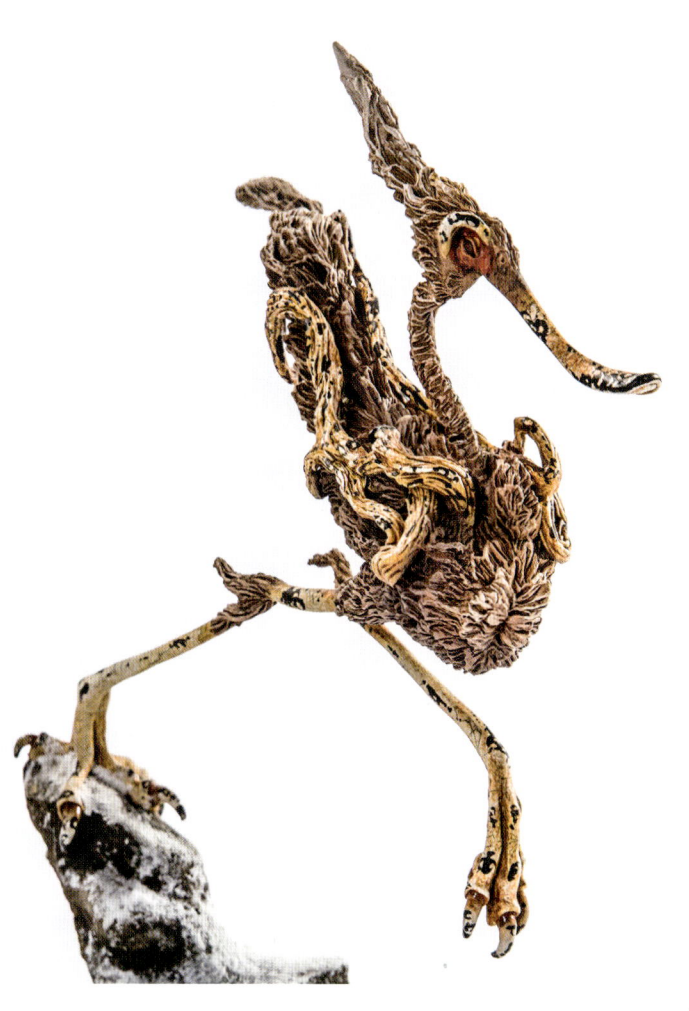

アルミ棒を折り曲げて華奢な足のベースをつくり、ボディは石粉粘土にへらを使って毛並みのディテールを加えた。雪が積もる足元は、タミヤ「情景テクスチャーペイント（雪 ホワイト）」で表現している。

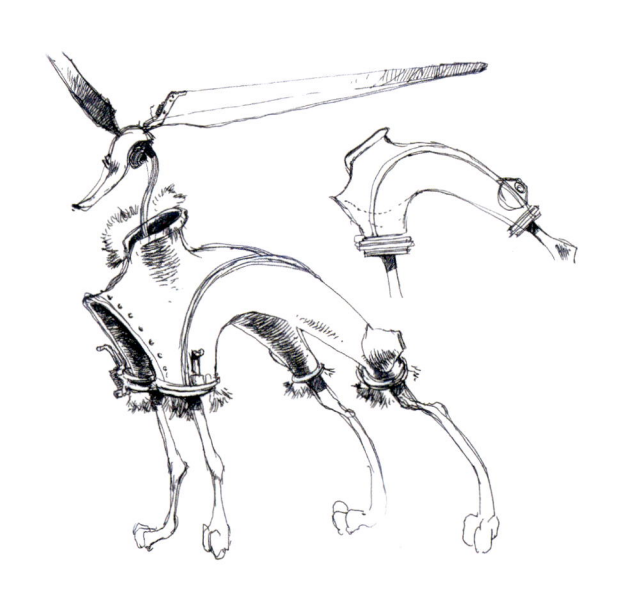

[Italian Greyhound]

イタリアン・グレイハウンド

W250×D120×H400mm　2017 年

作者の友人にイタリアン・グレイハウンドのオーナーがいて、愛犬を見せてもらう機会があった。すらりとした体躯、細長い顔立ち、誇りを感じさせる立ち姿に心惹かれ、作品のモチーフとした。

実際の犬と大きく異なる部分は耳の造形。大きく長くデフォルメし、枯葉の葉脈を貼り付けてアクセントを加えている。

［Red Cat］ ネコ

W360×D370×H450mm　2017 年

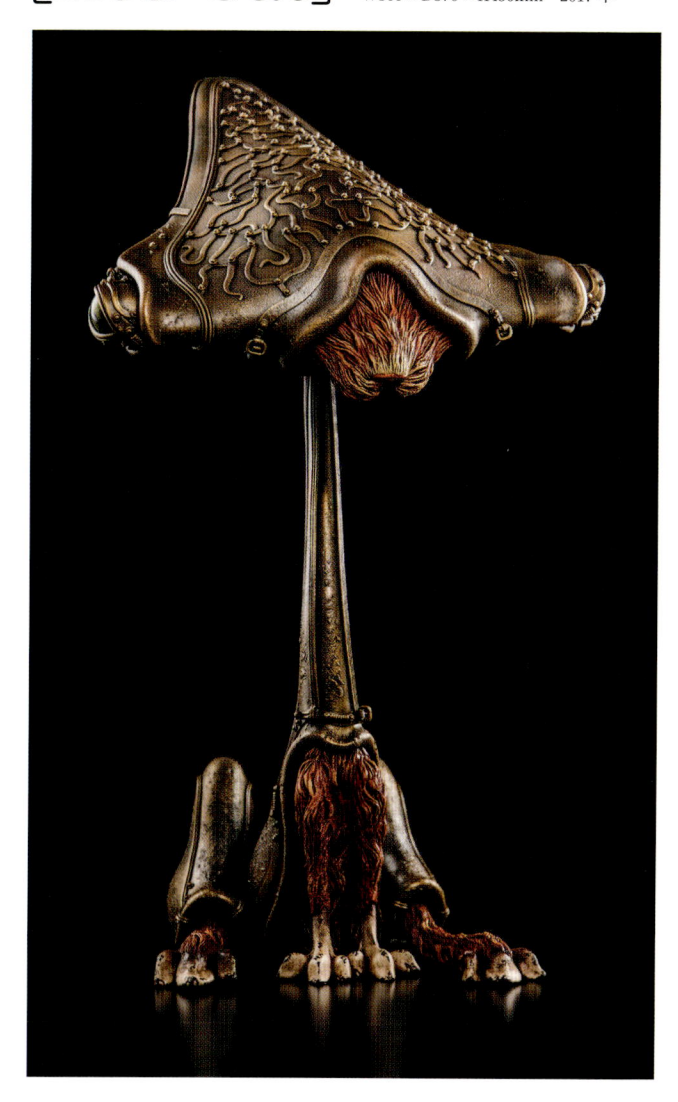

一見ではネコがモチーフとはわからない、大胆なデフォルメを加えた作品。目離れで愛嬌のある顔と、頭部の複雑な模様がポイント。

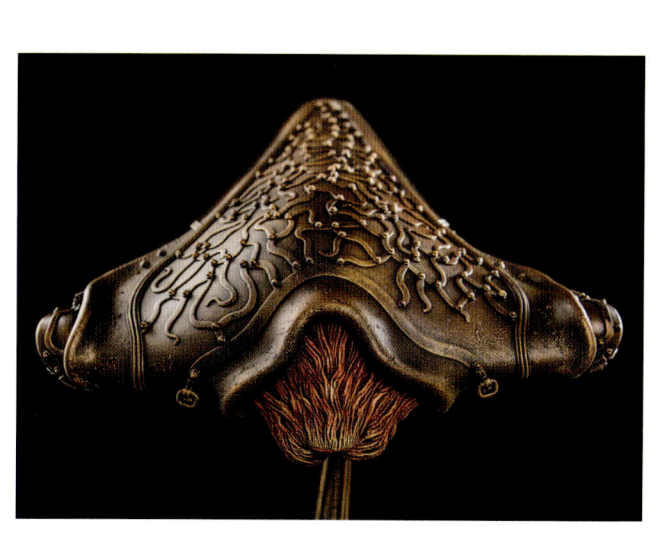

頭部は鉛板を曲線状に切り出して無数に貼り付け、唐草のような模様を表現。

甲冑を思わせるボディから、にゅっと手足を出して「メカ」と「生物らしさ」を共存させている。

[Anteater]

アリクイ

W920 × D280 × H500mm　2017 年

細長い口でアリを捕食するアリクイがモチーフだ
が、四本足ではなく多脚のメカ部分を持たせること
で、少し得体の知れない雰囲気に仕上げている。

背部の排気管はシンプル
に仕上げ、ボディとの差
別化を図っている。

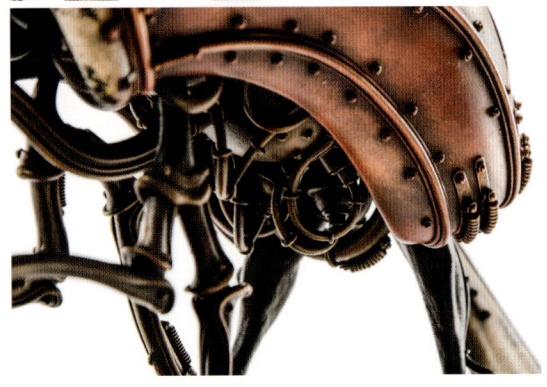

ボディの内側にも糸はんだやチューブを使ったディテールを加え、不思
議な生き物の内部構造がちらりと見えるように仕上げている。

［Flamingo］

フラミンゴ

W150 × D50 × H300mm　2015 年

片足で立つフラミンゴの優美さ、華奢なフォルムの表現を模索した作品。体は煙突を思わせるメカニカルなアレンジを加えつつ、すらりと伸びた首はフラミンゴの首のなめらかな曲線の美しさを取り入れている。

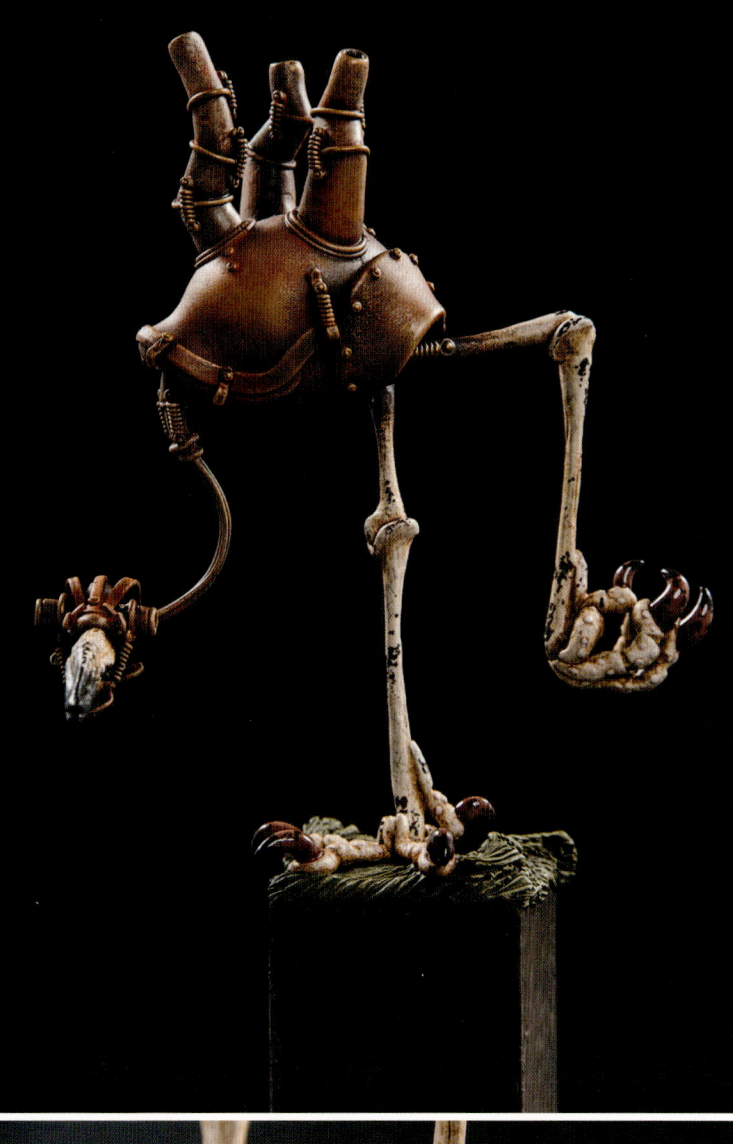

煙突状の部分は樹脂粘土と糸はんだで制作。足は爪の部分のみ光沢仕上げにして見た目にアクセントを加えた。

［Panpo］鳥

W60×D50×H180mm　2015年

子どものころに街角で見かけた、鳥の店頭ディスプレイをイメージ。
当時そのディスプレイは風雨にさらされ朽ちかけていたが、胸を張っ
て堂々と立つ姿が懐かしく思い出され、造形作品のモチーフとした。

頭部のデコボコ部分は樹脂粘
土を平らに伸ばし、先の丸い
棒を押し付けて制作している。

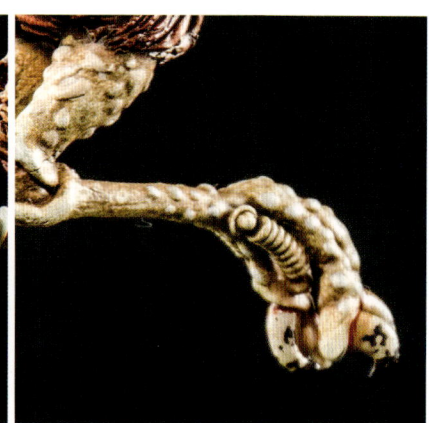

[Recordbreaker Fishtype] 魚

W480×D150×H180mm　2017 年

アメリカの塩の平原ソルトフラッツでは、世界最速を競うモーターレースが開催されている。最速のモーターカーと魚のフォルムを融合させたら……という空想のもと生まれた作品。照り付ける太陽のもと、マシンは白煙を巻き上げながらどこまでも進むのだろう。

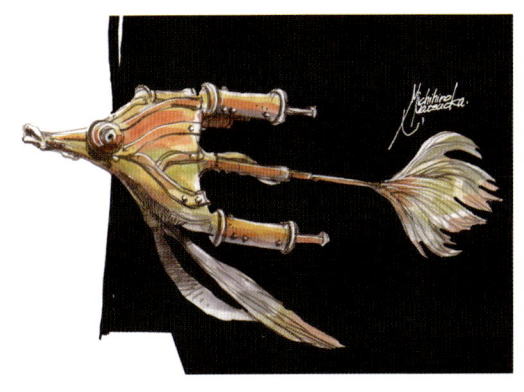

ひれはスパッタリング（絵の具を付けた歯ブラシで網をこすって絵の具を飛ばす技法）を行った後に筆で模様を描き入れている。

[Octopus 8] タコ

W850 × D120 × H180mm　2016 年

タコといえば口から墨を吐くイメージがあるが、墨を吐くのは漏斗という部分。そことは別に、8本の足の中央に口があるのだという。ここから着想を得て、足の中央から長いノズルが伸びる機械仕掛けのタコを制作。曲線的なフォルムの軟体動物にあえて直線的なデフォルメを加え、どんな生き物なのか想像の余地を残した。

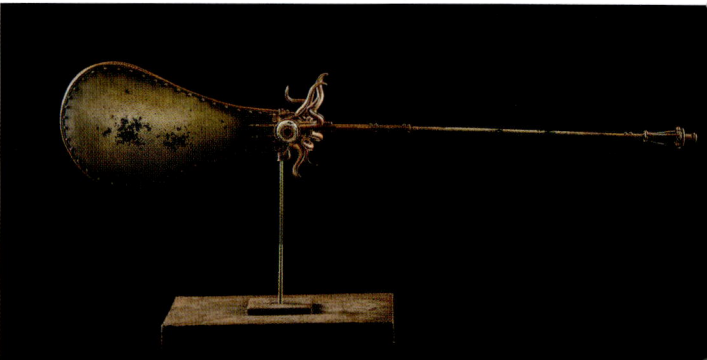

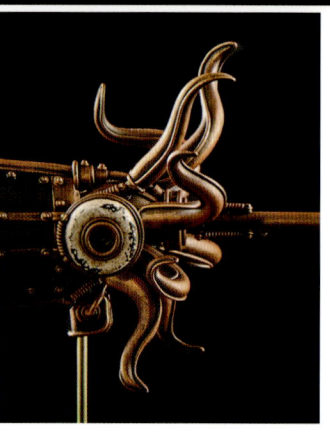

足部分は細長くした樹脂粘土に動きを付けて加熱し、糸はんだを貼り付けている。

[Lamp Fish] チョウチンアンコウ

W200 × D150 × H600mm　2015 年

ランプフィッシュ（Lumpfish）というとダンゴウオ科の魚のことだが、ここではチョウチンアンコウから着想したランプを灯す魚に「Lamp Fish」と名付けた。光で獲物をおびき寄せる狡猾なイメージを、骨っぽい不気味なボディで表現した。

目は可動式になっており、ランプに視線を向けるなど変化をつけられる。ボディ側のオレンジの石は琥珀を加工したもの。

[Snail makimaki/fusafusa/torotoro]　カタツムリ

2007 年

カタツムリにスチームパンク的な要素をプラスした作品。殻が鎧のようだったり貝殻のようだったり、それぞれ異なる個性を持たせた。軟体部の黒い模様は、黒い瞬間接着剤で表現している。パテを盛るイメージで模様をつくり、硬化促進剤をスプレーする。

makimaki　W100 × D120 × H80mm

fusafusa　W110 × D60 × H40mm

torotoro　W100 × D120 × H80mm

粘液の部分にはリキテックス「ストリングジェルメディウム」をアクリル絵の具と混ぜて使用。はちみつのような粘りがあり、液状の表現ができる。

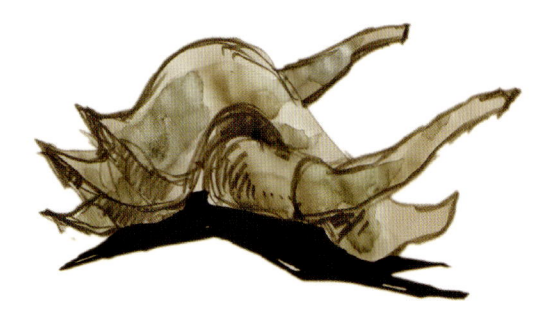

[Treehopper] ツノゼミ

W200 × D50 × H200mm　2014 年

ツノゼミはカメムシ目の昆虫で、数千に及ぶ種があり、奇妙なツノを持つことで知られている。

羽根部分は、0.3mmの透明プラ板をオーブントースターで加熱し、変形したところを切り出して制作している。ただし、プラ板が理想の形に変形するとは限らないのでやや効率が悪い。透明パーツが作れる液体樹脂「ディップ液」を使った方法でもよいだろう。

こちらはツノが緑色のツノゼミ。同じツノゼミでも種が異なるとツノの色や形がまったく異なるため、図鑑を見て「この形をどう作品づくりに活かそうか」と想像をめぐらすだけでも楽しい。

[Spider] クモ
W400×D420×H180mm　2016 年

8本の長い脚を持つクモのフォルムがレトロ・フューチャーな多脚マシンと重なり、作品にした。8本の足は短いアルミ棒を接続するのではなく、長いアルミ棒を折り曲げてつくっている。8本の足をバランスよく接地させるために試行錯誤した。

[Violin Beetle] バイオリンムシ
W250×D40×H200mm　2015 年

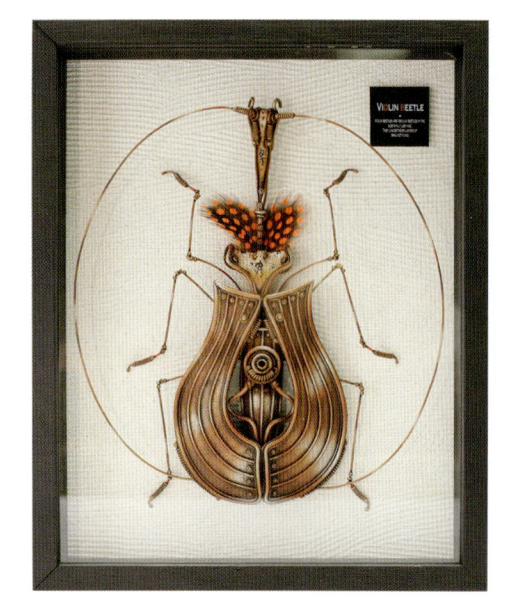

バイオリンムシとは、バイオリンの形に似たオサムシ科の昆虫。もともと楽器のようなフォルムを持つ昆虫をさらにデフォルメし、糸はんだで弦を思わせるディテールを加えた。頭部にはまだら模様のファーを加えて意外性をプラスしている。

[Euchirinae] テナガコガネ
W200×D50×H200mm　2015 年

コガネムシの中でも、長い前脚が特徴的なテナガコガネをモチーフにした作品。黄金虫＝お金持ち、という連想から、毛皮のコートを連想させるファーを取り入れた。

[Kandelia candel] ピラルク + 植物

W1000 × D300 × H520mm　2016 年

熱帯の植物ヒルギと、アロワナ科の魚ピラルクから着想を得た作品。海の生き物のようにも、水辺の植物のようにも見える謎めいた存在。胴体にはクラック塗料でヒビを加え、乾いた大地のようなニュアンスを表現した。

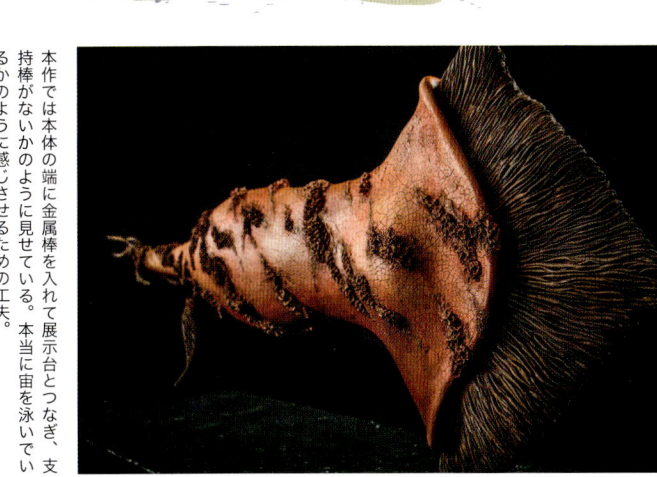

本作では本体の端に金属棒を入れて展示台とつなぎ、支持棒がないかのように見せている。本当に宙を泳いでいるかのように感じさせるための工夫。

［Bizarre Plants］

珍奇植物+哺乳類

W550×D250×H900mm　2016 年

植物について調べると、子孫を残すためのしたたかな生態に驚かされることがある。山火事の熱を受けて種を撒く植物、プロペラ状の種子で少しでも遠くへ子孫を根付かせようとする植物など……。そんな植物から着想を得て、4本足で移動しながら種を撒く植物を形にした。

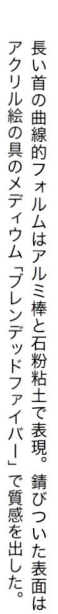

長い首の曲線的フォルムはアルミ棒と石粉粘土で表現。錆びついた表面はアクリル絵の具のメディウム「ブレンデッドファイバー」で質感を出した。

[Bizarre Plants (White)]

珍奇植物+哺乳類
W1100×D380×H1200mm　2016 年

こちらも、4本足で移動しながら管状の部分から種を撒く植物。管の形状は食虫植物を参考にした。2本の枝をツノのように長く伸ばし、この植物が内包する生命力を表現している。

[Sirocco]

クジラ

W400×D150×H1000mm 2016 年

あえて「これは何だろう？」という思案の余地を残した作品。もとのモチーフはクジラだが、そうとは気付けないほどにデフォルメを施してある。展示のための支持棒をなくし、胸びれ（翼）に針金を通して自立させているのも特徴。

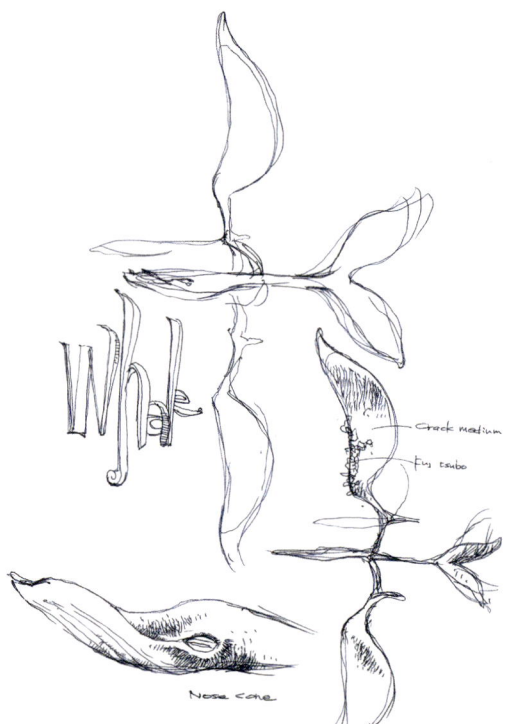

本作に限らず、海の生物の経年表現にはしばしばフジツボを用いる。小さく丸めた石粉粘土の中央に丸い棒で穴を開け、スパチュラで四方に伸ばして形をつくる。

［月と海と］

クジラ

W700 × D600 × H800mm　2016 年

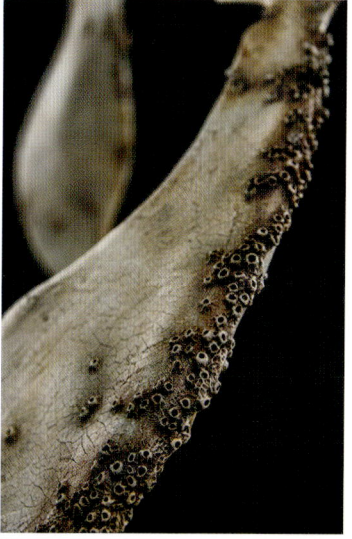

こちらもクジラがモチーフ。胸びれと尾ひれの形状は残しつつ、ボディを大胆にアレンジした作品。ひれに付着したフジツボが、月のクレーターのようにも見える。胸びれを台に固定して自立させ、支持棒をなくしている。

[Paradigm Shift]

鹿＋馬＋魚

W800 × D400 × H1080mm　2017 年

鹿のようなツノ、馬の骨のような頭部、魚のようなひれ……。
見る人に「これは何だろう？」という思案を楽しんでほしいと
いう思いから、あえてどんな生き物かは明示しなかった。見る
人の感性によって、海の生き物にも地上の生き物にも、さまざ
まな見え方をすることだろう。

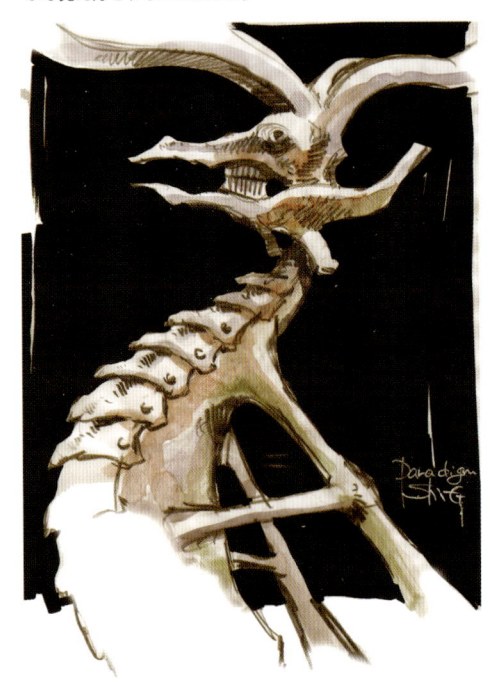

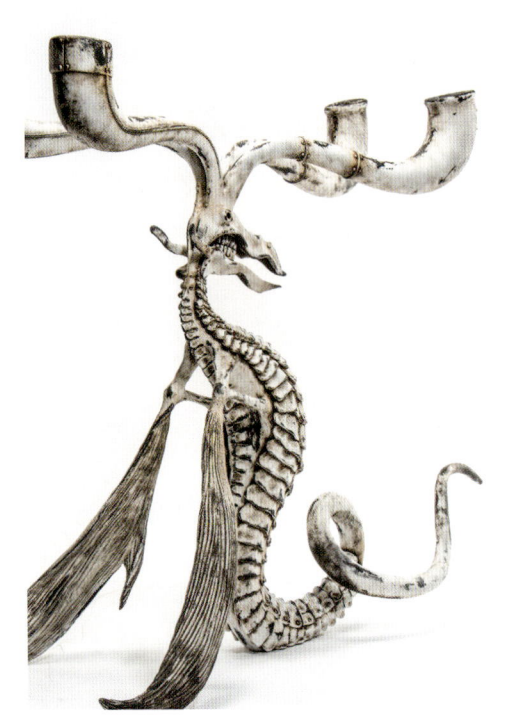

ボディは石粉粘土でなめらかなフォルムをつくった後、鎧のようなパーツを何枚も貼り付けるようにして制作している。表面は
P108と同じく、整髪スプレーを利用したチッピングで塗装剥がれを表現した。

あとがき

造形作家としての僕のルーツは、学生時代にさかのぼります。
けして真面目な青年でなかった僕は、
授業中、先生に隠れてひたすら造形に打ち込んでいました。
ほんのひとかたまりの粘土から、
動物や、魚や、いろいろなものが生まれていく。
ほんの指先の力加減で、
まったく表情の違ったものが形づくられていく。
僕はその魅力のとりこになっていました。

今のように海外旅行が当たり前でなく、
インターネットも携帯電話もなかったアナログの時代。
僕は、まだ見ぬ異国の地のプロダクトにも強くひかれました。
独創的でアクが強いデザインのフランス車。
抱えるほどの大きな円盤が音色を奏でるレコード。
武骨なブリキの缶につまった色とりどりのキャンディー……。
あるものは宝石のように輝く豊かな色彩をもって。
またあるものは、時を経て朽ちた味わいをもって。
心に迫るそれは、希望に満ちた未来のかけらでした。
やがて僕の造形には、
それらのエッセンスが盛り込まれていきました。

本書では、僕の造形作品の中から
特に動物がモチーフの作品を中心に取り上げました。
どの作品にも、かつての僕が憧れた
アナログ時代のプロダクトの要素が詰まっています。
本書で紹介したものづくりの工程が
造形好きな方々の創作活動の一助となるなら、
これ以上嬉しいことはありません。

柔らかくて優しいフォルムと
武骨なメカの要素を併せ持つ
どこか懐かしく不思議な生き物たち。

それらはけして過去への回帰ではなく
あたたかな未来を感じさせるものとして
僕の心の中にあるのです。

松岡ミチヒロ

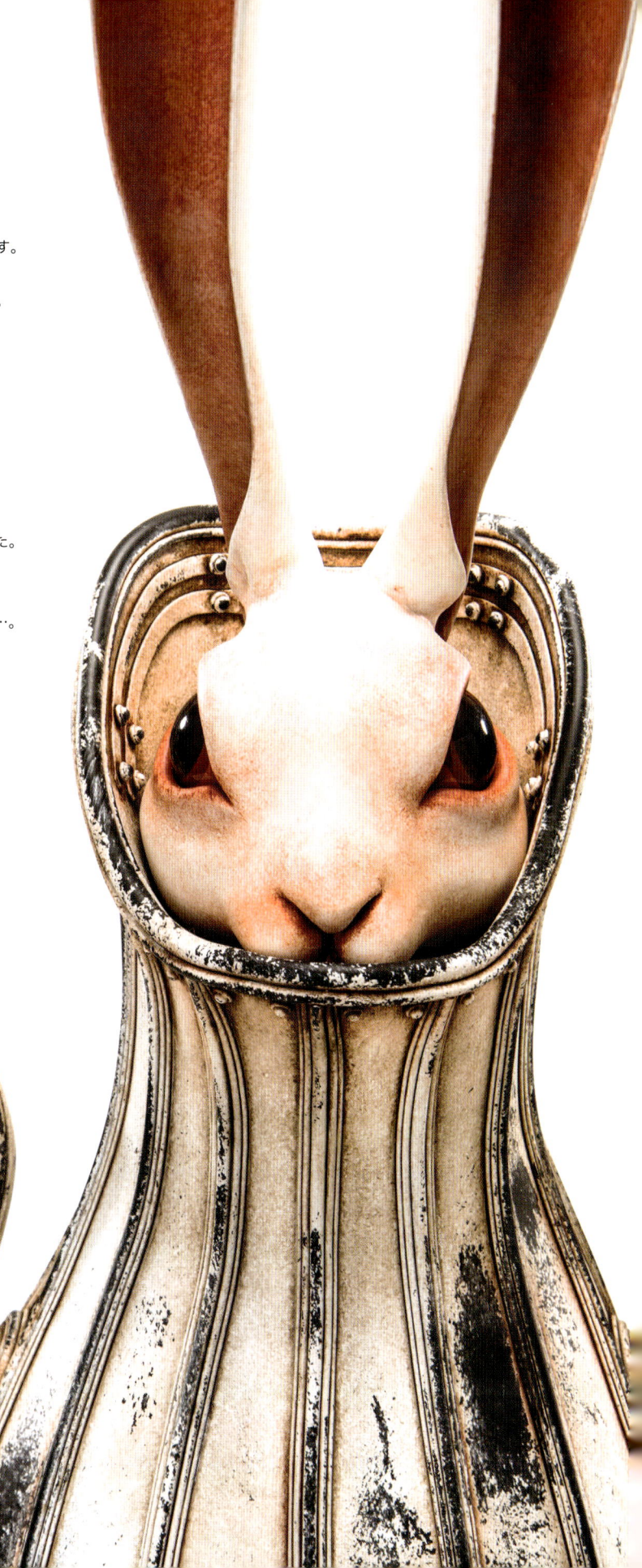

■著者紹介

松岡ミチヒロ （まつおか みちひろ）

愛知県一宮市出身。物心ついた頃から風化した装置や自然物に興味を持ち、その頃に体感したことや受けた刺激をインスピレーションに作品を制作。国内外のアートイベントに出品し高い評価を得る。2016年には、世界的オークション「クリスティーズ」アジアファーストオープンにて作品が落札されるなど注目を集めている。2018年秋には、北京・末匠美術館にて大規模な個展を開催。

http://michihiro-matsuoka.com/

■スタッフ

カバー・本文レイアウトデザイン
広田正康

作品撮影
夏目圭一郎 (SPINFROG)

制作過程撮影
松岡ミチヒロ

レジン複製協力
田中淳 (J-Factory)

編集
川上聖子 (ホビージャパン)

編集協力
宮本秀子

企画
谷村康弘 (ホビージャパン)

粘土でつくる空想生物
ゼロからわかるプロの造形技法

2018年9月20日　初版発行

著者　　松岡ミチヒロ

発行人　　松下大介
発行所　　株式会社ホビージャパン
　　　　　〒151-0053　東京都渋谷区代々木2-15-8
　　　　　電話　03-5354-7403 (編集)
　　　　　電話　03-5304-9112 (営業)
印刷所　　株式会社廣済堂

乱丁・落丁 (本のページの順序の間違いや抜け落ち) は購入された店舗名を明記して当社パブリッシングサービス課までお送りください。送料は当社負担でお取り替えいたします。但し、古書店で購入したものについてはお取り替え出来ません。

代行業者などの第三者に依頼して本書をスキャンすることは、たとえ個人や家庭内の利用であっても、著作権法上、認められておりません。

禁無断転載・複製

© Michihiro Matsuoka / HOBBY JAPAN
Printed in Japan
ISBN978-4-7986-1771-8 C0076